LÉON HOUZEAU

# QUINZE JOURS
# EN ITALIE

TURIN — GÊNES

FLORENCE — PISE — ROME — NAPLES

(30 Mars — 14 Avril 1882)

CORBEIL
IMPRIMERIE CRÉTÉ

1882

# QUINZE JOURS
# EN ITALIE

CORBEIL. — TYP. ET STÉR. CRÉTÉ.

LÉON HOUZEAU

QUINZE JOURS
# EN ITALIE

TURIN — GÊNES

FLORENCE — PISE — ROME — NAPLES

(30 Mars — 14 Avril 1882)

CORBEIL
IMPRIMERIE CRÉTÉ
1882

A MON BIEN CHER AMI

# RENÉ PANHARD

Mon cher René,

Il n'est que naturel que je te dédie ce modeste récit dont tu es le véritable inspirateur. Il est destiné à ne pas sortir du cercle des amis, et c'est pour cela que j'éprouve une satisfaction toute particulière à te donner ici un témoignage de ma reconnaissance et de ma profonde et sincère affection.

Léon HOUZEAU.

Je n'ai pas la prétention d'écrire, après M. Taine, un *Voyage en Italie*.

Je prie donc ceux de mes amis qui me feront l'honneur de me lire de bien vouloir ne considérer ce récit que comme la rédaction des notes que j'ai prises à leur intention pendant mon voyage.

J'ai été très sobre de descriptions, car je n'aurais pu que copier les Guides Bedecker et Joanne. Je me suis borné à donner mes impressions, et jamais je ne les aurais livrées à la publicité, même la plus intime, si je n'avais été assuré de l'indulgence de mes lecteurs.

Le seul intérêt (si intérêt il y a) qui s'attache à ces pages, est que je peux dire en toute sincérité : « *J'étais là, telle chose m'advint.* »

# DE PARIS A TURIN

(30-31 mars.)

Lorsque mon voyage fut tout à fait décidé, j'eus à me préoccuper des moyens pratiques d'exécution. Je pris des renseignements à différentes agences et finis par m'arrêter à l'agence française de M. *Lubin*. Et je n'eus qu'à me féliciter de mon choix. Je ne veux pas tarder plus longtemps à rendre hommage à la façon pratique et intelligente dont M. Lubin a organisé et conduit sa caravane. On me dira que c'est une réclame que je lui fais. Ma foi, oui : et, en la faisant, j'ai conscience de rendre service à ceux qui voudront entreprendre plus tard une excursion en train de plaisir.

Et dire que j'ai été un moment sur le point de m'embarquer dans une agence anglaise !... Me voit-on d'ici au milieu d'Anglais ou d'Écossais !...

Le jeudi 30 mars, à 1 heure, j'arrive à la gare de Lyon, me flattant d'être un des premiers au rendez-vous et de trouver des coins au choix. Je ne tarde pas à être désillusionné. Beaucoup de voyageurs se sont levés plus matin que moi, et le représentant de M. Lubin, qui a réservé des wagons pour ses clients, me place *moi sixième* dans un compartiment. De peur d'être plus mal, je reste où je suis et j'examine d'un coup d'œil mes compagnons de route. Nous devons rester ensemble vingt-six heures en chemin de fer, et il n'est pas indifférent de savoir avec qui l'on va se trouver pendant ces longues heures. La conversation s'engage et la connaissance ne tarde pas à s'établir. Ce n'est pas que nous ayions échangé nos cartes tout de suite, mais au bout d'une demi-heure nous nous promettions de ne plus nous séparer pendant tout le voyage.....

Au retour nous n'étions plus que *deux* à ne pas nous être quittés !

Nous nous félicitions de n'être que six et nous nous étions largement installés, lorsque la porte de notre compartiment s'ouvre, et un employé de P.-L.-M. introduit chez nous deux énormes Anglais accompagnés de valises monumentales, de sacs de voyage obèses, et de couvertures immenses. Nous protestons énergiquement contre cette invasion de la Grande-Bretagne dans un wagon Lubin, mais il est deux heures, on va partir dans dix minutes et l'employé ne tient aucun compte de nos protestations. Ces insulaires viennent porter à *huit* (je devrais dire à dix) le contenu de notre compartiment.

A 2 heures vingt nous partons.

Notre train comporte 300 voyageurs. L'agence Lubin en compte 88 ; les deux agences anglaises à peu près autant. Beaucoup d'Italiens profitent de ce train pour regagner leur pays, ils comptent revendre leur billet de retour. J'ai su plus tard que bon nombre ont réussi.

Voici quelle est la composition de notre compartiment :

D'abord un charmant garçon, parisien, M. *Philippe H...* avec lequel je n'ai pas tardé à me lier et qui a été *mon inséparable* pendant les quinze jours de notre voyage. Instruit, spirituel, gai, je n'ai eu qu'à me féliciter du bon vent qui m'a amené dans le même compartiment que lui.

Un Belge, de Gand, M. *Jules...* (j'ai su son nom de famille, mais il est composé de vingt-sept lettres et j'en oubliais toujours un bon tiers quand je voulais le prononcer ; j'y ai renoncé, et c'est même lui qui est cause que nous nous sommes constamment appelés par notre petit nom). Un garçon étrange, à gaîté intermittente, nous entretenant longuement des prix élevés des riz et des sucres candis, et, sans transition aucune, entonnant des chansons flamandes ou françaises avec une voix fausse comme un jeton. Je me suis demandé bien des fois ce qu'il était venu faire en Italie. Il dormait dans les musées, restait en voiture pendant que nous visitions les églises et déclarait Florence inférieure à Gand au point de vue artistique !...

Un gros cultivateur du département de Seine-et-Marne, *maire* de sa commune et que nous appelions *le Maire*, n'ayant connu son nom que le troisième ou quatrième jour de notre voyage.

Un autre cultivateur, voisin du premier, également *maire* de sa commune et voyageant avec son fils, un charmant garçon de quinze ans, que son père récompense, par ce voyage, de ses succès de collège.

Puis les deux Écossais (car ce sont des Écossais) ; je voudrais dire *pour mémoire*, mais leurs personnalités et leurs bagages encombrants en faisaient une persistante réalité.

A Melun, où nous nous arrêtons trois minutes, je ne puis m'empêcher d'évoquer le souvenir d'un arrêt de même durée, lors d'une partie que nous fîmes en 1868 avec les familles Panhard et Valentin.

Il est resté légentaire, cet arrêt. Vous en rappelez-vous, mes chers amis ?

Le trajet s'accomplit sans intérêt jusqu'à *La Roche*, où nous dînons. Là, j'éprouve une véritable joie en apercevant parmi les voyageurs l'excellent abbé D\*\*\*, mon ancien maître, pour lequel j'ai conservé la plus profonde affection, qu'il me rend bien du reste. L'abbé accompagne un jeune homme dont il est précepteur, qui appartient à une des plus grandes familles de France, et dont j'ai promis de respecter l'incognito. Nous nous sautons au cou, en nous félicitant de l'heureux hasard qui nous permet de nous rencontrer. Malheureusement l'abbé et son élève *ne sont pas de l'agence* et nous ne pourrons nous voir que de temps en temps. Qu'importe, nous trouverons bien moyen de rester ensemble le plus possible. Tout joyeux de cette heureuse rencontre, je dîne gaiement et exhale ma joie à pleine voix. Le patron du buffet met cette joie sur le compte de son dîner, qui était passable du reste, et me remercie de rendre hommage à ses efforts pour contenter son monde. Je le regarde avec stupéfaction et le désillusionne absolument sur la cause de ma gaieté. Du reste, si j'avais encouragé ses illusions coupables, j'aurais provoqué la protestation d'un brave père lazariste, assis près de nous, et qui a dû se servir lui-même à la cuisine pour pouvoir dîner.

Je rejoins mon compartiment. La route se continue sans incident et nous nous arrangeons pour passer la nuit le mieux possible. Je ne m'étais pas muni de la moindre couverture de voyage, et j'ai bien fait ; celles de mes camarades de route me suffisent. La vérité m'oblige à dire que nous n'avons pas eu à regretter, pour la nuit, la présence des Écossais, quelque encombrants qu'ils aient été. Leurs vastes couvertures suffisaient à envelopper tout le compartiment, et *Jules* abusa de la mansuétude et de l'obésité de l'un des deux, pour se faire un confortable oreiller de son épaule.

Le 31 mars, au jour, nous nous trouvons à *Culoz* et nous nous livrons tous à de sommaires ablutions. Nous remarquons que le Rhône est presque à sec, je fais observer que cela n'est pas étonnant : toute l'eau doit se trouver dans le vin vendu aux buffets. En disant cela, je ranime la douleur de Philippe qui a payé 3 francs, à Ambérieu, une demi-bouteille de mauvais pomard.

Nous continuons ; la route devient splendide. Nous voyons les Alpes couvertes de neige, de cette neige que nous n'avons pas vue à Paris de tout l'hiver (ce que je n'ai pas autrement regretté, du reste). Mais pourquoi diable le train va-t-il si lentement? A *Épierre*, un chien court après et va plus vite que lui.

Il fait un soleil magnifique qui nous fait bien augurer du temps qui favorisera notre voyage.

A onze heures nous arrivons à *Modane*. Nous avançons nos montres de quarante-sept minutes. Visite de la douane. Ah! sapristi! les Italiens nous font regretter les douaniers français. Sont-ils longs!... sont-ils ennuyeux!... Pour la première fois, j'approuve l'unité italienne. Dame, devant traverser le Piémont, la Toscane, les États de l'Église, le royaume de Naples, s'il nous avait fallu subir *quatre visites* comme celle de Modane, c'eût été à rebrousser chemin.

Nous déjeunons au buffet et reprenons notre route sur la terre italienne. Nous traversons en trente-quatre minutes le tunnel du mont Cenis; aussi les neuf tunnels que nous avons à traverser de Chaumont à Suze nous semblent courts. Ce que nous voyons du paysage de Suze à Turin est superbe, mais les villages nous paraissent misérables, et les habitants que nous rencontrons sont d'une saleté déplorable.

A quatre heures et demie nous arrivons à Turin. M. Lubin est à la gare pour veiller lui-même à l'installation de ses voyageurs.

L'hôtel de l'Europe, où nous nous trouvons, les deux maires et moi, donne sur la place du Château. On relève la garde au moment où nous arrivons, et pendant que je procède à la longue toilette nécessitée par vingt-six heures de wagon, la musique des bersaglieri joue ses éclatantes sonneries. Je n'ai pas, plus que mes camarades, la fatuité d'attribuer à notre arrivée ce récréatif concert, mais nous en profitons.

Fatigués du voyage, nous ne pensons pas à nous promener longtemps dans la ville, qui nous paraît assez morne. Nous rencontrons le prince Amédée, très aimé ici, paraît-il.

Après le dîner, nous voulons, *avec les deux maires*, faire un whist au café. Nous avons toutes les peines du monde à trouver un établissement où l'on puisse jouer aux cartes, et encore nous cache-t-on dans la plus profonde des arrière-boutiques !

C'est à Turin que nous commençons à subir le papier-monnaie. Quelle affliction, mon Dieu, pour un pays que d'en être réduit à regarder une pièce de 50 centimes comme un événement ! Et qu'il est sale leur papier ! Le bénéfice, assez maigre du reste (25 p. 100), que l'on opère sur le change est une insuffisante compensation de l'obligation de ne plus voir que ces hideux chiffons. Et ces messieurs refusent les pièces en argent à l'effigie de Pie IX !... J'ai eu un mal inouï à leur passer les deux ou trois dont j'avais eu la naïveté de me munir à Paris.

Comme nous devons passer trente-quatre heures à Turin en revenant, nous ne prolongeons pas notre promenade, et je réserve pour plus tard mes impressions sur cette ville.

# GÊNES

(1ᵉʳ avril.)

A sept heures quarante-cinq nous quittons Turin pour Gênes, et cette fois le voyage s'effectue dans des wagons italiens. Pas confortable du tout, le compartiment dans lequel m'envoie ma mauvaise étoile. Il y a deux sortes de wagons de secondes classes sur les lignes italiennes : les uns sont munis d'appuis comme dans les premières, les autres sont rembourrés sommairement, n'ont pas la moindre espèce de *coins* et sont garnis en moleskine. C'est dans un de ceux-là que j'ai la mauvaise chance de m'installer. Nous nous trouvons encore au grand complet comme nombre, mais avec une modification de personnel. Deux de nos premiers compagnons (le père et le fils), en voyant que les Écossais sont encore des nôtres, se sont enfuis épouvantés par la perspective de voyager en leur compagnie; mais ils nous promettent de rechercher notre société hors wagon. Ils sont remplacés par un couple breton, que nous regardons tout d'abord d'un œil peu favorable. Au troisième tour de roue, le monsieur entame une dissertation sur les mérites du suffrage universel, se vante d'avoir largement coopéré à l'élection de Waldeck-Rousseau, et nous invite à nous réjouir avec lui de la suppression de l'*adjonction des plus imposés*. Je faillis céder à la démangeaison chronique dont ma langue est atteinte, et encore un peu je tombais dans le panneau du monsieur, et me lançais dans une discussion politique qui aurait fini Dieu sait comme, vu la divergence de nos opinions. Heureusement, Philippe nous fait observer à tous deux que notre discussion n'amuserait pas nos compagnons, et que nous n'étions pas venus en Italie pour parler politique. Je me rends à ce juste raisonnement et le monsieur rengaîne ses discours. Au surplus, la route est admirable. La chaîne des Alpes, la *Superga* que l'on aperçoit pendant longtemps, le massif du Mont-Rose nous invitaient à être tout à la beauté du spectacle qui se déroulait devant nous.

En passant à *Moncalieri*, nous pensons à la princesse Clotilde, qui habite là loin de son mari, seule consolation qu'elle puisse avoir d'être séparée de ses enfants.

A *Villafranca*, une sérieuse discussion s'engage avec l'électeur de Waldeck-Rousseau, qui veut à toute force que ce soit là où la paix de 1859 a été signée. Nous avons beau nous époumonner à lui expliquer que ce nom de Villafranca est commun à plusieurs villes d'Italie, il n'en veut pas démordre. Heureusement que Philippe possède un guide Bedecker, et nous faisons lire au monsieur que le *Villafranca* de 1859 est sur la route de Vérone à Mantoue. Il est convaincu, mais il nous tourne le dos. Nous y gagnons son silence.

A *Asti*, un quart d'heure d'arrêt. Nous voulons descendre, mais en voilà bien d'une autre. Ces diables de wagons italiens sont fermés à clef, et il nous faut dix minutes pour en obtenir l'ouverture. Pas pressés, les employés italiens. Nous mourions de soif et nous avions à peine eu le temps de demander une bouteille de vin blanc mousseux, dont ce pays a la réputation, que retentit le cri : *Partenza, Partenza*, qui pendant le voyage viendra mettre fin à bien des conversations et des lunchs. Bien sale la gare d'Asti, et employés à l'avenant. Nous continuons notre route sans incident à noter. Nous remarquons la belle gare d'*Alexandrie*, qui contraste avec celle d'Asti.

C'est à Alexandrie que nous voyons se produire pour la première fois une équivoque qui se renouvela sur tout le parcours italien et qui durait encore au retour. Nombre de voyageurs ont pris le mot Uscita (sortie) écrit en grosses lettres pour l'indication de la station elle-même. Cela m'a bien fait rire. Mais à Asti j'y avais été pris moi-même — sans m'en vanter, par exemple.

En passant à *Marengo* et *Novi* nous pensons au sang français qui a coulé à maintes reprises dans ces contrées.

En approchant de Gênes, nous admirons les maisons de campagne coquettement perchées sur des collines et offrant le spectacle le plus gracieux avec leurs peintures de toutes couleurs. Un peu avant d'entrer en gare, nous avons une splendide vue de la mer et du port. Le temps semble se gâter, ce qui jette un froid sur notre enthousiasme, mais je fais observer qu'il n'est pas encore midi, et que rien n'est désespéré. En effet, nous avons eu un temps de toute beauté.

Nous débarquons à midi juste, et nous laissons nos valises dans nos compartiments respectifs, que nous devons réoccuper le soir pour aller à Florence. Notre déjeuner est préparé au buffet de la gare, et c'est là où nous apprécions pour la première fois la bonne organisation de notre agence. Tandis que nous n'avons qu'à nous asseoir dans la grande salle retenue exclusivement pour M. Lubin, les infortunés voyageurs libres ne savent où s'installer, et une fois installés ne peuvent arriver à se faire servir. Je vois notamment mon malheureux abbé D*** mourant de faim, et ne pouvant obtenir qu'une carafe d'eau et un paquet de cure-dents (amère ironie). J'ai su depuis qu'il avait pu déjeuner une heure après nous. Par exemple, je ne recommanderai pas aux touristes le vin du buffet de Gênes. Jamais Argenteuil n'a produit quelque chose d'aussi médiocre. Pour faire passer ce mauvais goût, nous demandons une bouteille d'un vin dont le nom m'échappe, mais dont le prix élevé nous semblait devoir garantir l'excellence. Pouah ! il est pire que l'autre ; nous nous promettons alors d'être le soir à dîner d'une sobriété exemplaire.

Après le déjeuner nous montons dans les voitures qui nous attendent. Et ce ne sont pas, comme je le pensais, des chars-à-bancs ou des omnibus ; non, ce sont de superbes landaus, attelés à deux chevaux. Il y en a vingt-deux, et chacun se groupe selon ses sympathies. Toute l'agence se trouve réunie, et d'après les renseignements recueillis par les uns et les autres, je vois que nous pouvons nous décomposer ainsi : vingt à vingt-cinq Parisiens, une quinzaine de Belges (et de drôles de types par parenthèse), et le reste des voyageurs provenant de la province.

Les voitures s'ébranlent et nos vingt-deux landaus forment une file vraiment originale. Les agents de police de la ville semblent s'être réunis pour présider à notre départ. Leur costume semble copié sur celui des conspirateurs de la Restauration : chapeau haut de forme, longue redingote et une canne à énorme pommeau. Les habitants sont aux fenêtres pour voir passer ce défilé. Bien joli l'aspect général de Gênes, mais quel dommage que les Génois, ou plutôt les Génoises, aient la déplorable habitude d'étendre leur linge aux fenêtres. Les maisons sont très jolies, très coquettes, la vue de ce linge gâte tout. Peut-être recherche-t-on un effet artistique.

Nous suivons le bord de la mer et allons tout d'abord visiter la *ville Rosazza*, splendide propriété d'où l'on découvre la mer dans toute son étendue. Il y a quatre étages de jardins, et nous jouissons du panorama du *port* et de la *ville*. Quel admirable spectacle ! Le propriétaire de cette villa est, paraît-il, un ancien entrepreneur qui est enchanté que sa propriété serve de but d'excursion. Pendant notre visite nous entendons de fréquentes détonations qui ne laissent pas que de nous intriguer. Notre guide nous explique que ce sont des quartiers de roche que l'on fait sauter pour agrandir le port. La duchesse de Galliera a donné une somme de 20 millions pour ces travaux. — C'est la même duchesse de Galliera qui a fait construire sur la hauteur de Meudon un asile pour les prêtres et les religieux infirmes ou âgés.

Nous quittons, ravis, la villa Rosazza et, par la rue Balbi, nous nous dirigeons vers l'église de l'*Annunziata*. Nous faisons événement dans la ville.

Arrivés en face de l'église, nous avons peine à croire que nous nous trouvons devant un monument à visiter. L'extérieur est misérable. Mais à peine avons-nous pénétré à l'intérieur que nous ne pouvons retenir un cri d'admiration. Que de richesses ! Quelles admirables peintures ! Quelle profusion de marbres ! Mais c'est plutôt une série de chapelles particulières qu'une église proprement dite. Les deux guides interprètes qui nous accompagnent sont sobres d'explications : ils se réservent pour le *cimetière* où nous nous rendons par une promenade délicieuse. Nous montons tout en haut de la ville, et traversons le jardin de l'*Acqua-Sola* d'où nous jouissons d'un panorama féerique. Nous passons devant une maison que l'on nous dit appartenir à la famille de Garibaldi. Notre guide nous affirme même qu'une dame, assez jolie du reste, qui assiste à notre défilé, est madame Canzio, la fille du général. ? ? ?

Nous arrivons au cimetière (*Campo Santo*). Nous sommes frappés d'étonnement à la vue de cette double colonnade qui ne rappelle en rien nos cimetières parisiens, mais ressemble un peu aux galeries du palais du Trocadéro. Quel luxe dans ces tombeaux ! Du marbre partout ! Par exemple, j'avoue ne pas être encore remis de la stupéfaction que j'ai éprouvée quand notre guide nous a appris que l'usage était de mettre sur les tombeaux des défunts les bustes ou statues des survivants. Cela donne, il est vrai, motif à de superbes monuments artistiques, mais aussi à des situations bien étranges. Ainsi, sur un monument que je vois encore, une femme, représentée dans l'attitude de la statue de la Douleur, frappe à la porte du tombeau de son mari, et semble désirer que la tombe s'ouvre pour l'enfermer avec le cher défunt. C'est réellement émouvant. Mais ce qui l'est moins, c'est quand on sait que cette veuve inconsolable s'est remariée quatre ans après. A moins que le guide n'ait arrangé cette histoire pour la plus grande joie de ses auditeurs. Mais en tous cas, *si non è vero è bene trovato* (c'est le moment où jamais de faire une citation italienne).

Un autre cas, moins étrange, mais aussi original. Une vieille bonne femme, marchande de noisettes, ayant gagné une forte somme à la loterie en 1871 (les boutiques de loterie pullulent en Italie), n'a rien eu de plus pressé que de se faire faire un monument surmonté de sa statue en marbre. La statue est fort bien faite et, paraît-il, d'une ressemblance frappante. Le monument attend toujours la marchande de noisettes, qui n'est pas pressée de l'occuper, maintenant qu'elle est certaine de l'avoir. Elle se donne de temps en temps l'agrément de venir contempler sa reproduction en marbre.

En résumé, le rez-de-chaussée de ce cimetière est un musée de sculpture rempli de choses parfois splendides et toujours originales. Le premier étage contient les cases (je ne trouve pas d'autre mot exact) où sont renfermées les sépultures plus modestes.

La fosse commune est dans la cour d'entrée. Une lanterne est fichée au bout d'un bâton auprès de chaque tombe. Ces lanternes à de certaines fêtes sont allumées : cela remplace les fleurs que l'on apporte chez nous.

La chapelle est très remarquable. Il y a une statue d'Adam, sur laquelle notre guide appelle notre attention. Le sculpteur, qui est un réaliste, a tenu à représenter Adam, notre premier père, avec une singularité de conformation qui indique bien que c'est le premier homme. Drôle d'idée.

Nous redescendons des hauteurs du Campo Santo et nous faisons une promenade sur le port. Les habitants continuent à admirer, ou du moins à regarder notre défilé. C'est sur le port que nous avons fait la rencontre d'une chaîne de forçats, une vingtaine environ, qui venaient de travailler en ville, et que l'on ramenait à leur bagne. Il y en avait de tous les âges, des vieillards deux surtout paraissant bien 60 à 65 ans) et un tout jeune homme. Tous étaient vêtus de blouses et de pantalons de toile grise, sales au possible. Le bonnet rouge dont ils étaient coiffés faisait ressortir davantage leur figure patibulaire. Il faut leur rendre cette justice qu'ils avaient bien tous l'air de fameux gredins.

Nous continuons notre promenade sur la côte dominant Gênes, et nous terminons par la visite de la cathédrale (*San Lorenzo*), qui, extérieurement, semble revêtue d'un énorme damier. Je dois avouer que je n'ai remarqué rien de bien saillant.

Nous revenons à la gare pour dîner, et nous nous arrêtons devant le beau monument en marbre élevé à Christophe Colomb en 1862. Il porte cette simple inscription : « A Christophe Colomb. La Patria. » Quand donc notre chère Patrie, à nous, élèvera-t-elle un monument à une gloire non politique ?

Comme nous ne devions repartir qu'à minuit 40, le dîner se prolonge un peu. Ensuite, un de nos compagnons nous assure qu'il était convenu que l'agence se réunirait dans un certain café, où nous organiserions une sorte de soirée de famille. Arrivés au café en question, nous trouvons bien de la musique, mais c'est l'orchestre habituel de l'établissement. Quant aux voyageurs de l'agence, ils sont bien sept ou huit, nous quatre compris. Nous n'y restons pas longtemps et faisons une promenade à pied au bord de la mer. Nous ne pouvons nous lasser d'admirer le beau panorama qui est devant nous. A minuit, je retrouve l'abbé D*** qui est moulu de ses excursions de la journée, et nous nous promenons sur le quai de la gare jusqu'à ce que le fameux *Partenza* nous fasse remonter dans nos compartiments respectifs. A minuit quarante nous partons pour Florence.

# FLORENCE

(2 avril.)

A huit heures et demie, par un temps merveilleux. nous arrivons à Florence. Comme c'est un dimanche, les gendarmes (carabiniers royaux), que nous trouvons à la gare, ont revêtu la grande tenue : ils sont vraiment superbes. Mais je me demande comment leur chapeau peut tenir sur leur tête avec ce grand diable de plumet qui a bien cinquante centimètres de haut. Les agents de ville de Florence ont un uniforme assez semblable à celui des carabiniers. Eux aussi ont leur chapeau surmonté d'un monumental plumet bleu. Leur tenue ne laisse pas que d'être assez originale.

Je suis logé à l'hôtel de *la Minerve*, tout près de l'église de Santa Maria Novella. Je vais à la messe, et suis tout d'abord frappé de l'aspect général, non pas de l'église, que je n'ai pas le temps d'examiner, mais des fidèles. Ils se groupent à droite et à gauche selon leur fantaisie. Ils sont cinq ou six sur les marches de l'autel sans s'inquiéter s'ils gênent ou non le prêtre et le servant. Ce que je n'ai pas encore digéré, par exemple, c'est l'introduction de chiens dans l'église. Quand je vis le premier, je crus que ce caniche s'était introduit là par défaut de surveillance de son maître, et je me mettais en devoir de le chasser, quand un frère, ou un sacristain, vint me demander, c'est du moins ce que je crus comprendre, de quoi je me mêlais. Je me le tins pour dit.

La grand'messe commençait pendant que j'entendais une messe basse. Ah! quelle manière d'officier! quelle mesquinerie!!! Des frères sales servent de chantres, et semblent plus occupés à regarder à droite et à gauche, et à se bourrer le nez de tabac qu'à répondre à l'officiant. Comme j'ai pensé à mon cher Saint-Sulpice, où la procession des Rameaux se fait avec tant de grandeur!!! Heureusement que mon impression s'est modifiée quand j'ai vu d'autres églises. Je vois que Santa Maria Novella doit être le Saint-Séverin de Florence.

A dix heures, le guide vient nous prendre et nous emmène place du Dôme. Nous embrassons d'un coup d'œil la cathédrale, le baptistère et le campanile. Nous entrons dans la cathédrale pendant l'office, et personne ne songe à nous faire observer que l'invasion d'une vingtaine de touristes accompagnés d'un cicerone peut troubler le recueillement des fidèles.

Je remarque pour la première fois les singulières portes d'entrée des églises italiennes : on dirait un paillasson recouvert d'une toile à matelas. On chante la Passion. Le chapitre est enfermé dans une sorte de chapelle grillée et vitrée, ce qui ne laisse pas que d'être d'un effet bizarre. Là aussi, rencontre de caniches, mais l'expérience de Santa Maria m'a appris à ne me mêler que de ce qui me regarde. Les offices me paraissent bien faits, mais cela ne m'en impose pas. Comment être recueilli dans une église que l'on visite à tout moment comme un simple musée !!!

Nous visitons rapidement le baptistère, dont nous admirons les portes de bronze et leurs bas-reliefs. De là nous allons à *San Lorenzo*. Nous entrons dans la chapelle des Médicis où nous restons trop peu de temps pour bien voir tout ce qu'il y a à admirer, assez cependant pour en garder l'impression d'une chose grandiose. Nous traversons seulement la sacristie nouvelle, et n'avons que le temps de jeter un coup d'œil sur les admirables statues du Crépuscule, de l'Aurore, du Jour et la Nuit par Michel-Ange.

A midi, il faut rentrer à l'hôtel. Pourtant nous nous arrêtons un instant en l'église de l'*Annunziata*, l'église préférée des Florentins si j'en juge par la foule qui l'emplit. Là les offices me paraissent très beaux ; je m'attarde même tellement que je perds ma caravane et que je suis obligé de rentrer seul à *la Minerve*. Par un faux amour-propre, je ne veux pas demander mon chemin, et je m'égare tout à fait. Enfin, au bout d'une demi-heure, je rejoins l'hôtel et j'en suis quitte pour déjeuner après les autres. Il est vrai que mon amour-propre avait capitulé, et que je m'étais décidé à demander des renseignements sur la route à suivre. Mais, bizarrerie étrange, quand on comprenait difficilement mon français, ce qui arrivait assez souvent, je me mettais à parler *anglais*, ou du moins je bredouillais les quelques mots d'anglais que je possède. Inutile d'ajouter que l'on me regardait avec stupéfaction et qu'on ne me comprenait plus du tout. Du reste, on ne m'aurait sans doute pas compris davantage à Londres.

Après déjeuner, nous partons en voiture pour visiter l'église Santa Croce, le Panthéon de Florence. L'église étant absolument vide, nous pûmes admirer à notre aise les splendides monuments qu'elle contient. Mais quel froid dans cette église !!! Nous remarquons le monument élevé à la mémoire du Prince Impérial, qui a habité Florence pendant quelque temps avec sa mère.

De là, nous nous rendons au *Palais Vieux*, que nous visitons rapidement, puis aux galeries des Offices et du Palais Pitti. Nous sommes restés environ deux heures dans ce palais, et nous n'avons pu que parcourir les salles, sans nous arrêter nulle part. Nous n'avions qu'une journée à passer à Florence, nous ne pouvions donc que jeter un coup d'œil sur les chefs-d'œuvre réunis dans ces incomparables galeries. Il m'a été impossible de prendre la moindre note, et c'est à peine s'il reste dans mon esprit ce qui reste d'un livre dont on a parcouru la table des matières. De l'aveu unanime, et même pour des gens aussi peu artistes que moi, il y a au moins huit jours à passer au Palais Pitti, et nous y sommes restés deux heures !!!

Nous avons pourtant pu nous arrêter à la salle de Mars où se trouve la *Vierge à la chaise* de Raphaël, à la salle d'Apollon qui contient la *Vierge* de Murillo. Nous avons été, à plusieurs reprises, sollicités par des artistes qui nous offraient des copies, dont plusieurs fort bien faites, des chefs-d'œuvre que nous entrevoyions. Mais ils en demandaient un prix très élevé, et le temps nous manquait pour marchander, aussi personne n'en acheta. Nous retournons à l'église de l'Annunziata, qui est déserte cette fois, et notre guide nous fait remarquer l'autel de la Sainte-Vierge, qui est tout en argent massif, ainsi que les ornements de la chapelle. Un peu trop d'argent à mon sens.

Quand nous sortons de l'église, nous trouvons presque toute la colonie belge dormant dans la voiture. Que diable ces gens-là sont-ils venus faire en Italie ?

Nous sommes littéralement ahuris de notre course dans le Palais Pitti. Il paraît que nous avons *vu* aussi le Musée national, mais je déclare franchement qu'il ne m'en reste aucun souvenir. Nous étions gris de chefs-d'œuvre, et tout se heurtait dans mon esprit sans que je pusse rien débrouiller. Jamais je ne reverrai Florence dans ces conditions.

Pour *digérer* nos monuments, M. Lubin (le mot est de lui, et nous a paru très joli et rendant bien la situation) nous a ménagé une promenade délicieuse. Nous nous dirigeons vers la place Michel-Ange, d'où nous jouissons du panorama de la ville. En redescendant, nous rencontrons les jeunes élèves de l'École militaire qui ont très bonne tenue et très bon air.

Nous rentrons à l'hôtel par les *Cascines* (le bois de Boulogne de Florence). Belle promenade. Nous rencontrons de fort beaux équipages et un grand nombre d'officiers à cheval. Plusieurs de ces messieurs se livrent même publiquement à un steeple-chase acharné, pour poser sans doute aux yeux des promeneurs. Du reste, la pose me paraît être l'état normal des officiers italiens. Ils portent tous la tête aussi haut que s'ils avaient conquis le monde. Et pourtant, grand Dieu! qu'a jamais fait l'armée italienne livrée à elle-même?

Un équipage à *seize chevaux* (vous avez bien lu, *seize* chevaux) ne laisse pas que d'exciter notre curiosité. Nous pensons tout d'abord que c'est un directeur de cirque qui promène ses pensionnaires en se faisant une réclame. Renseignements pris, cette voiture est celle d'un riche Américain que l'on nous dit *un peu* excentrique. *Un peu !!!*

Nous voyons en passant un monument surmonté du buste d'un prince indien quelconque. Pourquoi est-il là?

Après dîner, nous cherchons un café où, en dégustant notre demi-tasse, nous puissions faire une partie de cartes. Impossible de trouver même une arrière-boutique comme à Turin. Il paraît que les règlements de police n'autorisent que le jeu de dominos. Nous tombons des nues, mais sommes obligés de nous incliner. C'est égal, c'est drôle.

En rentrant, nous croisons le cortège funèbre d'un prêtre que les frères de la Miséricorde ont été chercher au domicile mortuaire pour le transporter à la chapelle où le corps doit rester pendant les vingt-quatre heures qui précèdent le service et l'enterrement. Il nous produit un singulier effet, ce cortège, avec les frères revêtus de cagoules et portant des flambeaux. Je demande des renseignements. Il paraît que ces frères ont le monopole d'aller chercher les morts pour les transporter à leur chapelle. Il paraît également qu'en cas d'incendie ou de sinistre quelconque, une cloche les appelle et on les voit accourir pour porter secours. Ce ne sont pas des religieux, à proprement parler. C'est une congrégation qui se réunit pour faire le bien. Les *frères* ne revêtent leur costume que dans certaines circonstances, les cérémonies funèbres, par exemple. Ainsi, une fois le corps déposé dans la chapelle, et pendant que le clergé chantait l'office des morts, les frères, à notre grand étonnement, dépouillèrent la robe à cagoule et s'en allèrent, à l'exception de quatre préposés à la garde du défunt, habillés comme des laïques ordinaires.

Le lendemain matin, nous quittions Florence avec le vif regret de n'avoir fait que traverser cette belle ville si remplie de chefs-d'œuvre.

# DE FLORENCE A ROME

(3 avril.)

A neuf heures du matin, nous nous trouvons tous réunis à la gare pour prendre le train pour Rome, et c'est à partir de ce moment que notre petit cercle se modifia, et cette fois resta tel que jusqu'au retour à Paris.

De mes premiers compagnons, Philippe était le seul avec lequel je sympathisais complètement. Nous ne nous étions quittés à Florence que parce que nous étions dans deux hôtels différents, et que nous n'avions pu nous rejoindre. Aussi ce fut avec la plus grande joie que nous constatâmes que nous devions être logés ensemble à Naples et à Rome. Jules ne nous quittait guère tous les deux, mais ce Belge était parfois tellement ennuyeux, nous devions subir des réflexions et surtout des refrains flamands tellement peu drôles, que nous préparions, Philippe et moi, une sage retraite, sans pourtant vouloir rompre tout à fait.

Dans la salle d'attente, un heureux hasard nous permit de faire la connaissance de *M. et madame L\*\*\**, de Fécamp, deux excellentes personnes, dont nous avons pu apprécier le cœur et la bonté pendant dix ou douze jours que nous avons passés ensemble. Ils étaient accompagnés de *mademoiselle M\*\*\**, également de Fécamp, qui voyageait sous leur égide. La conversation s'engagea à la faveur d'un léger service rendu, et elle ne cessa que lorsqu'il nous fallut monter en wagon. Mademoiselle M\*\*\* nous apprit qu'elle allait à Rome rendre visite à des parents, auprès desquels elle devait passer la semaine sainte, et qu'elle n'allait pas à Naples. Philippe et moi protestâmes d'une seule voix qu'il était impossible d'entreprendre un voyage semblable sans le faire complet. J'étais ce matin-là d'une humeur entraînante, disposé à ne pas arrêter de parler, j'étais en verve enfin. J'entamai un long discours pour démontrer à mademoiselle M*** que ses parents, s'ils avaient de l'affection pour elle, seraient disposés à se priver de sa compagnie pendant trois jours, qu'ils seraient enchantés de lui voir faire le voyage de Naples, etc., etc. J'étais lancé, je n'arrêtais pas. Bien entendu, je n'avais pas la prétention, au bout d'un quart d'heure de connaissance, de changer les dispositions arrêtées, mais je savais par un des compagnons de voyage de mademoiselle M*** qu'il y avait eu des jalons de posés. Je savais que M. et madame L*** désiraient que leur pupille les accompagnât, et j'insistais.

Mes instances furent interrompues par l'ouverture de la porte de la salle d'attente, et la cohue des voyageurs se précipitant en wagon. Philippe, Jules et moi, nous montons, avec le *maire* qui nous avait rejoints, dans un compartiment où nous eûmes un instant le fol espoir de rester seuls. Nous avions choisi un compartiment coupé, pour profiter de la société de nos voisins s'ils étaient agréables, quitte à ne pas nous occuper d'eux s'ils étaient nuls ou ennuyeux. Nous commencions à nous installer lorsque j'entends un : « Ah! montez donc, monsieur, madame! » C'était ce matin de maire qui invitait à se joindre à nous le *grand électeur* et sa femme, mes compagnons forcés de Turin à Florence. Je jetai au maire un regard féroce, et par politesse, j'ébauchai un sourire presque aimable à l'adresse de madame. Et *de six*. Je cherchai de tous mes regards l'abbé D*** pour compléter notre compartiment. J'étais redescendu sur le quai à cet effet, quand une main énorme s'abat sur mon épaule et un *aoh!* formidable retentit à mon oreille. Ce sont mes deux Écossais, toujours aussi gros, aussi encombrants, qui nous cherchaient, les misérables! et qui me témoignent *à moi personnellement* leur joie de nous avoir retrouvés. Je suis encore à me demander la cause de cette sympathie, car, en raison de ma connaissance approfondie de la langue de Walter Scott, notre conversation se bornait à ceci... De temps en temps, Mac Donald (il m'a donné sa carte) me disait, en me montrant le paysage... : *Aoh bioutifoul ;* je répondais *oh yes! very bioutifoul*. L'autre Écossais approuvait de la tête, et voilà tout. Cela ne me semblait pas justifier une sympathie aussi gênante. Conclusion, nous étions *huit*, et *huit* bien comptés. Comme j'ai souvent reproché au maire n° 2 et à son fils leur lâche abandon!!! Leur excuse est qu'ils avaient été rejoindre des dames de leur connaissance, et je leur pardonne presque.

Je n'avais toujours pas aperçu l'abbé D\*\*\*. Enfin je le vois poindre avec son élève, je leur jette un cri d'appel (le train allait partir) et ils accourent. Il y avait heureusement deux places dans le compartiment jumeau du nôtre. Je les fais monter en me promettant de faire une route agréable. Et elle a été agréable en effet, mais remuante de ma part. A chaque station, j'allais au compartiment où se trouvaient mes nouvelles connaissances, faire une petite visite et pousser à la roue pour le voyage à Naples.

Ce compartiment était précisément notre autre voisin. Les huit occupants (cinq dames, trois messieurs) ont voyagé ensemble de Paris à Paris. (C'est, je crois, le seul compartiment qui soit resté composé des mêmes voyageurs pendant tout le temps du parcours.) A ma troisième visite, j'étais au mieux avec tout le monde. Comme je l'ai dit, j'étais d'un entrain et d'une gaieté dignes du beau temps dont nous jouissions. Ai-je assez chanté et ri ce jour-là!!!

Parmi les voyageurs du susdit compartiment se trouvait un monsieur que ces dames avaient appelé le *Célibataire*. Jamais je n'ai autant regretté de n'avoir su dessiner. La tête de ce monsieur eût fait le bonheur de Daumier : Joseph Prudhomme en laid ! Et, à chaque arrêt dépassant dix minutes, je voyais ce voyageur se précipiter vers moi, me prendre par le bras et ne pas me lâcher !!! Il me remercia avec effusion de mes visites à son compartiment, en me disant que cela lui faisait du bien de voir un visage gai (je crois même qu'il a ajouté aimable). Il me dit qu'il ne devait pas aller à Naples, mais que je finirais bien par le décider, lui aussi. Horreur !!!

Par bonheur j'appris qu'il n'était pas de l'agence ; je lui persuadai que le voyage de Rome à Naples lui coûterait au moins 200 francs, et j'espérai en être débarrassé.

Cependant nous avions une route splendide, qu'un soleil, un vrai soleil d'Italie, ne contribuait pas peu à embellir. Le lac Trazimène nous arracha un cri d'admiration.

Un incident amusant. — A une station (je ne sais plus laquelle) un groupe de petites filles jolies comme les amours nous envoyait des sourires et des baisers. Dans le désir de répondre à ces amabilités, j'adressai à ces adorables enfants mon baiser le plus aimable, mais le train se mettait en marche, et mon baiser fut reçu par un vieux cantonnier qui me le renvoya, le gredin, avec un sourire moqueur.

Comme il n'y avait pas d'arrêt suffisant pour déjeuner, nous avions emporté de Florence des provisions que nous devions consommer en route. Pas commode du tout ce déjeuner en wagon. Le maniement de la bouteille surtout était tout un problème, mais enfin en voyage il ne faut pas être trop difficile.

A *Arezzo*, nous nous précipitons pour nous faire servir du café ; mais les trois cents voyageurs ont tous ensemble le même projet. Il en résulte un encombrement que vous voyez d'ici. Les deux garçons du buffet sont ahuris, et en voulant servir tout le monde ne servent personne. Comme j'avais des invités, je cours au plus pressé : je prends quatre à cinq tasses que je rince moi-même, j'empoigne une cafetière et fais le service. On ne m'a pas pris plus cher : mais mon infortuné Philippe ne put jamais rien obtenir : il était d'un autre côté que moi, et ne put même attraper une tasse sale.

A *Chiusi*, une dame se trompe et monte dans le train qui retourne à Florence. Elle nous a rejoints à Rome où elle est arrivée deux heures après nous.

A *Orte*, mademoiselle M... est presque décidée à faire le voyage de Naples. L'abbé D*** qui reste à Rome, et est obligé d'y rester, déplore de ne pouvoir nous accompagner. Le *célibataire* me dit qu'à son grand regret il ne peut se décider à nous suivre à Naples. Il aurait pourtant bien voulu ne pas me quitter !!! mais il craint la fatigue du voyage. Mon Dieu, que ce monsieur doit donc être ennuyeux !!! Eh bien, il paraît qu'il dit assez bien les vers. Il a dit à ses compagnons de route *les Écrevisses*. Cette nouvelle me vexe, car cela me prive du plaisir de les dire moi-même.

La route se continue au milieu des chansons et des bons mots échangés d'un compartiment à l'autre.

En passant à *Mentana* nous nous rappelons la fameuse phrase : « Les chassepots ont fait merveille. » Hélas ! depuis ce temps (1867), que de choses se sont passées !!!

Dans la campagne romaine nous voyons de nombreux troupeaux de bœufs aux cornes énormes et quelques troupeaux de porcs noirs ; cela excite l'admiration du maire qui est fermier et de l'ennemi des plus imposés. Entre temps, ce dernier nous a fait savoir que lui aussi est maire de sa commune. C'est à croire que les chefs de toutes les municipalités de France se trouvent réunis dans notre train.

Les petits-fils de Quentin Durward ont gagné dans notre estime. Ils ont exhumé de leur couverture une bouteille d'excellent wisky dont ils nous ont fait les honneurs.

Nous arrivons à Rome à sept heures et demie et quittons ce bon abbé D*** qui est arrivé au terme de son voyage.

Nous disons à mademoiselle M... non pas adieu, mais au revoir, mais à demain à Naples. Et de fait, je crois bien qu'elle était déjà décidée in petto.

Nous dinons au buffet. La salle à manger ornée de belles peintures est superbe, mais le diner est bien médiocre. Jules déclare qu'il ne peut apprécier aucune beauté artistique quand il soupe mal. Nous ne pouvons nous empêcher de lui faire remarquer qu'il témoigne dans les musées d'une indifférence, qui nous empêche de mettre sur le compte du diner son dédain des peintures qui ornent la salle où nous nous trouvons.

Comme nous ne devons partir qu'à dix heures et demie pour Naples, je profite du temps qui me reste pour aller porter dans Rome des lettres que je ne pourrais remettre le vendredi ou le samedi saints.

Je prends donc une voiture et me fais conduire à l'hôtel de la Minerve et *Via Bocca di Leone*. Il fait très froid : oh ! quelle tristesse !!! que Rome me paraît lugubre !!! Presque personne dans les rues, et il n'est que neuf heures, neuf heures et demie au plus tard !!! Je reviens à la gare en rapportant une triste impression de la pointe que j'ai poussée dans la ville éternelle : je me prépare à des désillusions.

A l'heure indiquée, nous partons pour Naples. J'ai pu m'emparer d'une plaque portant le mot *Reservated* que j'ai accrochée à notre wagon. Aussi nous avons la chance de n'être que quatre et nous dormons tous du plus profond sommeil.

# NAPLES

(4 avril.)

De la route de Rome à Naples je ne dirai rien. Je n'ai fait qu'un somme jusqu'à *Casal nuovo* (l'avant-dernière station) et je me suis réveillé avec une sensation de froid, sensation vivement dissipée du reste. Arrivés à Naples, les voitures nous emmènent à l'*hôtel du Vésuve*. La gare est située assez loin de la ville ; nous longeons les quais et nous pouvons, pendant le trajet qui nous sépare de l'hôtel, nous faire une légère idée de la population napolitaine. Tout cela court, grouille, crie, chante. Et que de mendiants !!!

Nous nous trouvons réunis une quarantaine ; M. et madame L... sont des nôtres et aussi mademoiselle M... qui s'est décidée (je suis persuadé qu'elle en mourait d'envie) à faire le voyage complet. Le *célibataire* est resté à Rome et j'avoue que je redoutais un peu qu'il ne se décidât lui aussi, malgré ses dénégations, à pousser jusqu'à Naples, et comme j'avais le malheur de lui plaire, il eût fallu me livrer à des violences pour m'en débarrasser. Les autres compagnons de voyage de M. et madame L... et de mademoiselle M... sont dans un autre hôtel que le nôtre, circonstance heureuse pour Philippe et moi en ce sens que nous lui devons d'avoir accaparé à notre profit la société de ces trois aimables personnes.

Tout à fait somptueux l'hôtel du Vésuve : j'occupe pour ma seule part un salon spacieux avec deux fenêtres à balcon sur la mer, une grande chambre à coucher et un cabinet de toilette.

Philippe et moi allons faire un tour avant le déjeuner : nous ne sommes pas longs à être édifiés sur les mœurs napolitaines. Oh!!!...... J'avais traité de légendes les récits que l'on m'avait faits sur ce sujet : j'avais pensé au proverbe : « A beau mentir qui vient de loin » alors que l'on m'avait raconté ce qui se passait dans cette ville, mais aujourd'hui je suis fixé, complètement fixé. Je n'insiste pas...

De nombreuses ruelles, larges d'un mètre, aboutissent aux quais. Le linge s'étend non pas seulement aux fenêtres, comme à Gênes, mais d'une fenêtre à l'autre, et forme en travers de la rue une sorte de dôme. Mais que de monde !!!

Par exemple, nous ne pouvons faire dix pas sans rencontrer vingt mendiants, et tous protestant qu'ils meurent de faim, ce que démentent souvent leur mine et leur stature. Sur le port, nous trouvons des marchands de coquillages et d'huîtres, celles-ci très appétissantes dans des baquets ou des seaux. Tentés par le démon de la gourmandise, nous nous approchons d'un de ces négociants en plein vent et lui demandons le prix de sa marchandise. Il nous fait *trois francs* une douzaine d'huîtres. Nous savons dans quelle proportion il faut marchander en Italie, et nous sommes prévenus que cette proportion doit être quintuplée à Naples, aussi nous offrons *six sous* au lieu de trois francs. Après une longue discussion, nous transigeons à *huit sous*. Elles étaient exquises ces huîtres et il était original de nous voir une vingtaine (car nous avions été rejoints par de nos compagnons) dégustant en plein air ces mollusques réservés à Paris aux déjeuners fins.

A dix heures, déjeuner. La salle à manger de l'hôtel du Vésuve laisse bien loin derrière elle ce que nous avions vu jusqu'ici dans les autres hôtels. Elle est dans le style pompeux et toute couverte de peintures à fresques.

Après déjeuner nous partons en voiture pour visiter la ville. Les rues étaient désertes le matin en comparaison de ce que nous voyons à onze heures.

Il y a 450,000 habitants à Naples et tout le monde doit être dans la rue, ce n'est pas possible autrement. Et quel amalgame de mendiants, de moines, de femmes, d'enfants, de soldats !

Le costume national me paraît être le *haillon*. Le sexe fort est généralement vêtu d'un quart de culotte, d'une guenille quelconque sur le torse, et voilà tout. Aucune apparence de linge ; quant aux pieds, ils ne sont couverts que de poussière, mais de poussière accumulée depuis des temps incalculables et que je ne veux pas rechercher ; mais tout cela chante, rit, court. Nos landaus sont constamment escortés de mendiants de tous âges. Ce n'est que plus tard que j'ai appris le mot magique qui les met en fuite. A ce moment je me bornais à les éloigner du geste, ce qui, pour les aveugles surtout, était insuffisant.

Et des moines ! en avons-nous vu de toutes les couleurs et généralement pas propres ! Je fais exception pour un ordre, qui m'a paru assez nombreux, à en juger par ce que nous avons rencontré. Ils sont vêtus à peu près comme des capucins, mais sont coiffés d'un grand tricorne à poils gris, je n'ai pu savoir le nom de cet ordre.

Nous comptions voir enfin à Naples des costumes italiens. A Turin, à Gênes et à Florence, nous avions retrouvé les modes françaises. A Gênes nous avions bien vu quelques femmes coiffées d'une sorte de résille, mais c'était l'exception et puis ce n'était pas là le costume italien, tel que les peintres le représentent. Eh bien, à Naples aussi notre attente a été déçue : je suis fixé à présent, et quand je voudrai voir des italiennes en costume, j'irai à Paris, place Saint-Victor, ou vers les hauteurs de la rue Pigalle.

Nous commençons nos visites par aller voir un panorama nouvellement installé représentant la destruction de la ville de Pompéi en 79 après J.-C. Allons, le panorama sévit aussi à Naples! cela me désillusionne un peu. Il est du reste assez mauvais, mais nous intéresse en raison de l'excursion à Pompéi que nous devons faire le lendemain.

Nous continuons par le Palais-Royal, qui est admirablement situé sur la mer, et d'où l'on a une vue splendide du golfe. Je ne vois pas autre chose à noter que ceci : « Suite de très beaux salons. » Nous étions convenus avec Philippe et mademoiselle M... de nous communiquer nos notes, mais Philippe n'en prend pas, ce qui simplifie les choses en ce qui le concerne : quant à mademoiselle M... elle a écrit : « Suite de belles salles, » ce qui ressemble beaucoup à mes propres impressions. Nous faisons exception pourtant pour deux salons qui renferment des tapisseries tout à fait remarquables.

Les fenêtres du palais donnent sur l'arsenal. Du temps des rois de Naples, c'est là qu'était le bagne. La chronique, ou la légende, prétend que l'avant-dernier roi, le roi Bomba, comme on l'appelait, prenait plaisir à regarder les forçats, parmi lesquels se trouvait son ancien premier ministre. Notre guide nous a rapporté ce fait, que je me souviens avoir lu quelque part. C'était en tous cas une singulière distraction.

Nous quittons le Palais-Royal, et par les quais et la rue de Tolède, nous nous rendons au Musée National. La rue de Tolède est encore pour nous pleine d'imprévu et de curiosité. Quel mouvement, quelle vie! quelle activité! Et nos vingt-deux voitures ne contribuent pas peu à animer la voie. Les habitants qui ne sont pas dans les rues (et il y en a peu dans ce cas) sont aux fenêtres pour nous voir passer, et toujours, et de plus en plus, la même escorte de mendiants : et quand je dis la même escorte, je me sers d'un terme inexact, car cette horde se renouvelle à chaque instant. Je commence pourtant à attraper un peu l'accent voulu pour prononcer le « Anda » (Va-t-en), qui doit mettre en fuite ces amas de guenilles.

Pour le musée, je suis obligé de répéter ce que j'ai dit de Florence. Nous n'avions qu'un jour à rester à Naples, M. Lubin désirait surtout, et je crois qu'il était dans le vrai, nous donner une idée de l'aspect général de la ville, et nous promener le plus possible, aussi ce pauvre musée est sacrifié, à la grande joie des Belges, dont les uns dorment sur les banquettes dans les salles, et les autres sont restés dans les voitures. Mon Dieu! me suis-je assez demandé pourquoi ces gens-là sont venus en Italie !

Nous nous sommes arrêtés devant les objets trouvés à Pompéi et que l'on a transportés au musée de Naples pour les soustraire aux emprunts des archéologues trop enthousiastes. Comme nous devons visiter Pompéi le lendemain, nous restons également quelque temps dans les salles où se trouvent les fresques trouvées dans cette ville. Nous ne faisons que traverser les galeries de sculptures et le musée Égyptien.

Dans les galeries de tableaux, que nous parcourons au pas de course, nous remarquons *la Vierge*, du Corrège, deux ou trois portraits de Titien, et une *Sainte-Famille* de Raphaël. Il y a une foule d'autres tableaux, parmi lesquels se trouvent, paraît-il, de véritables chefs-d'œuvre, mais la vérité m'oblige à avouer que si je les ai vus, je ne les ai pas regardés. Le temps, toujours le temps qui manquait. Notre visite s'est terminée par le musée secret, dans lequel les messieurs pénétraient seuls avec l'attitude d'initiés aux mystères d'Isis. Je m'attendais à des choses... Eh bien, franchement, ce musée secret ne mérite pas sa réputation (si je peux me servir de ce mot). A mon sens, c'est une duperie.

En sortant du musée, je vois un brave prêtre qui enfourche un âne (car dans la rue de Tolède, j'ai remarqué deux ou trois établissements où on loue chevaux et ânes). La vue de ce prêtre sur le bouriquot est un spectacle auquel nous ne sommes pas habitués ; à Naples il paraît que cela se voit à chaque instant.

Nous repartons pour le parc de *Capo di monte*, dans lequel nous faisons une longue et belle promenade. Il est splendide ce parc, avec des arbres de toute beauté, des allées superbes. Le palais dont il dépend était la résidence d'été des rois de Naples. Il me semble qu'ils devaient préférer la vue de ces admirables jardins à celle des forçats, ceux-ci eussent-ils été ministres.

Nous visitons le palais. Là encore, suite de jolis salons. Nous remarquons pourtant une salle toute en porcelaine, très curieuse. Ce palais renferme une collection de très beaux tableaux modernes. Ce qui est à noter, par exemple, c'est que sur quatre-vingt-huit visiteurs, aucun ne s'est cassé la jambe ; je me demande comment nous avons pu tenir debout sur ce parquet glissant comme du verglas. De la terrasse, on a une vue admirable et très étendue.

Nous redescendons la rue de Tolède, nous parcourons une foule de rues plus étroites les unes que les autres pour gagner la *grotte de Pausilippe*, qui se trouve à l'autre extrémité de la ville et où nous arrivons après avoir traversé Margellina, un quartier de pêcheurs. Là, non seulement les habitants, mais les meubles sont dans la rue : nous assistons à des tableaux de famille tout à fait intimes, trop intimes même, et quelquefois aussi pas trop ragoutants. Quels types, grand Dieu !

Très remarquable cette grotte de Pausilippe, ou plutôt ce tunnel, long de 6 à 700 mètres, et éclairé par quarante-deux réverbères : au-dessous se trouve le tombeau de Virgile.

Un incident m'a laissé un souvenir pénible. — A l'entrée de la grotte se trouve une petite chapelle. Un moine en sortit et se mit à courir après nos voitures en nous présentant d'une main un tronc et de l'autre nous adressant force salutations, accompagnées de force sourires. Je n'ai pas aimé cette façon de demander. Quel était ce moine? A quel titre demandait-il? Je n'en sais rien, mais l'impression unanime, même celle des gens les plus religieux, a été des plus défavorables.

Avant de rentrer à l'hôtel, nous nous arrêtons à la *Chiaja*, la promenade de Naples. La musique municipale achevait son concert ; nous entendîmes le dernier morceau qui ne nous fit pas regretter d'avoir manqué les autres.

Pendant le dîner, nous eûmes l'agréable surprise d'un charmant concert vocal et instrumental. Un chanteur, doué d'une belle voix de baryton, nous chanta une délicieuse romance, *Santa Lucia*, que les dames présentes eurent aussitôt envie de se procurer. Puis il entonna la chanson à la mode à Naples : *Funiculi-Funicula*. Au deuxième couplet, nous reprenions tous le refrain en chœur. Quand elle fut terminée, nous la redemandâmes tout d'une voix et cette chanson fut immédiatement adoptée comme le chant de l'agence Lubin. L'avons-nous assez chantée, mon Dieu ! Et de fait, l'air en est assez enlevant pour justifier sa popularité. A la faveur de ces chants et des reprises en chœur, nous remarquâmes, Philippe et moi, que mademoiselle M... possédait une voix superbe. Je pris des informations auprès de M. et madame L..., et sachant que notre nouvelle compagne de voyage chantait volontiers, nous nous promîmes d'utiliser son talent à notre profit.

Outre les voyageurs de l'agence Lubin, l'hôtel du Vésuve possédait une assez nombreuse colonie anglaise qui nous donna au dîner un spectacle, lequel, interprété différemment par nos compatriotes, ne laisse pas, à mon avis, que de porter sa leçon avec lui.

Le dîner terminé, l'orchestre entama le « God save the

queen. » Aussitôt tous les Anglais, depuis un monsieur de soixante-dix ans jusqu'au jeune homme de douze ans, de se lever et d'écouter religieusement leur chant national. Ensuite, l'orchestre entonna la Marseillaise : aucun de nos compatriotes ne se leva, et les conversations, qui s'étaient arrêtées pendant l'hymne anglais, reprirent pendant que l'on jouait notre chant national. Il était difficile de ne pas établir de parallèle. Cela donna lieu à des discussions, qui heureusement ne dépassèrent pas les bornes de la courtoisie.

Mais, hélas! quand donc aurons-nous un chant national que nous puissions entendre debout et recueillis? La Marseillaise n'est pas mon idéal, oh non; mais c'est en somme actuellement notre hymne officiel, et je voudrais le voir assez respecté pour qu'il me soit permis, quand je l'entendrai à l'étranger, de me lever pour honorer mon pays. Au lieu de cela, quel respect peut-on avoir pour une chanson que l'on entend brailler à tout bout de champ par le premier ivrogne venu!

Nous allâmes terminer notre soirée au théâtre *San Carlo*. Très étrange ce théâtre, tout en loges (il y en a 180) sauf le rez-de-chaussée. On donnait *I Puritani*. Je ne sais pas si ce serait amusant en français, mais c'est bien ennuyeux en italien; sauf un beau duo au troisième acte, la musique ne m'a pas frappé. On finissait par un *ballet* très amusant. Une mise en scène et un luxe de figuration de premier ordre.

Pour rentrer à l'hôtel, nous eûmes soin de nous grouper, nous ne tenions pas à rencontrer individuellement les messieurs qui nous avaient abordés le matin; ces gens-là vous assassineraient pour vingt sous et peut-être moins.

# POMPÉI. — LE VÉSUVE

(5 avril.)

J'arrive à une des plus belles journées de mon voyage, en tous cas la mieux remplie.

Nous sommes tous sur pied à six heures. Nous allons manger quelques douzaines d'huîtres sur le port, pour nous mettre en train. Il fait un soleil magnifique. Le ciel de Naples nous apparaît dans toute sa pureté, et tout nous fait présager un temps splendide.

La caravane se divise en deux camps aujourd'hui. Les uns, de beaucoup les plus nombreux (soixante-et-onze sur quatre-vingt-sept), devant faire demain l'excursion à Sorrente et à la grotte d'Azur, visiteront le même jour Pompéi et le Vésuve; les autres feront cette visite en deux jours. M. et Madame L*** sont de ces derniers, leur âge ne leur permettrait pas d'affronter de pareilles fatigues.

Nous sommes abordés par des marchands de cannes qui nous offrent leur marchandise à des prix invraisemblables. Je marchande un bâton qui me plaît beaucoup, et que je destine à m'aider à l'ascension du Vésuve: on me le fait sept francs, j'en offre quarante sous. Refus du jeune négociant qui, au bout d'une demi-heure, me laissait la canne pour *soixante-quinze centimes!!!*

A sept heures, nous partons. Sur les quais, les voyageurs des autres hôtels nous rejoignent, et quand nous sortons de Naples, nous formons une file de dix-huit landaus attelés chacun de trois chevaux en poste, et qui excitent la curiosité, j'allais dire l'admiration, des habitants du faubourg.

Nous côtoyons la mer, que nous devons cesser de voir d'un côté, tandis que nous avons le Vésuve de l'autre. Comme toujours, nous sommes poursuivis par une nuée de mendiants. Nous arrivons à ne plus nous en occuper; nous nous contentons d'éloigner au plus vite ceux qui, dans l'espérance de nous émouvoir davantage, nous exhibent les plaies ou les difformités dont ils sont atteints. Heureusement, j'ai enfin attrapé l'accent voulu pour prononcer le fameux *Anda*. Comme je l'ai dit, ce mot signifie « Va-t-en ». Il a même, paraît-il, une signification plus énergique et moins parlementaire. Quoi qu'il en soit, le prononçant avec le ton gracieux et doux et les yeux aimables que je réserve pour les gens qui m'ennuient, il fait son effet. On me prie même des landaus voisins de vouloir bien le crier aux collègues de mes mendiants personnels. Aussi l'ai-je assez prononcé ce fameux Anda!!!

Cependant la conversation ne tarissait pas dans notre voiture. Nous avions l'heureuse chance de posséder comme compagnes de route une dame très aimable, dont le fils était monté à côté du cocher, et mademoiselle M\*\*\* qui, séparée de M. et madame L\*\*\* pour les raisons énumérées plus haut, et de ses autres compagnons ordinaires qui n'étaient pas au même hôtel que nous, avait bien voulu accepter notre société. Nous n'avons eu qu'à nous féliciter d'une aussi agréable compagnie. Les dames savent si bien causer, et nos compagnes étaient toutes deux gaies, aimables et spirituelles, aussi la route ne fut-elle qu'un feu roulant de gaieté et de causeries.

L'industrie locale me paraît composée exclusivement de fabriques de macaroni. En avons-nous assez vu!!! De quoi nourrir les deux Siciles. Ce macaroni qui sèche sur des cordes, comme du linge, n'a du reste rien de bien appétissant.

Un peu avant d'arriver à *Portici*, nous passons devant *la Favorite*, résidence d'Ismaïl Pacha, l'ancien khédive. Il vit là tout à fait à l'orientale. Nos voitures vont au pas, et nous espérons entrevoir un peu l'intérieur de cette luxueuse demeure, mais, hélas! les fenêtres sont hermétiquement closes. Une s'ouvre et laisse voir un noir superbe qui nous regarde avec surprise, mais voilà tout. Peut-être serons-nous plus heureux en repassant.

Portici nous amène tout naturellement à penser à *la Muette*. Tout naturellement aussi, *la Muette* amène à parler musique, et quand on parle musique en plein air, en route, comment ne pas chanter? C'est ce que mademoiselle M*** et Philippe firent alternativement. Les souvenirs d'opéra, d'opéra-comique, d'opérette ne contribuèrent pas peu à charmer la route. Quant à moi, je ne chantai pas pour ne pas compromettre la sérénité du temps: je dis un ou deux monologues, et cela me semblait assez original de raconter le *Canard* ou la *Situation*, sur la route de Pompéi.

Nous passons sans nous arrêter devant *Herculanum*, et nous laissons un instant les chevaux souffler à Torre del Greco. Cette ville a déjà été détruite plusieurs fois. Cela lui arrivera de nouveau un de ces jours. En tous cas, je n'y habiterais pas le cœur tranquille, et pourtant il y a 22,000 habitants. Je renonce à décrire le spectacle que nous donnent ces habitants : c'est toujours le même débraillé, le même pittoresque, la même gaieté. — Et notre conversation continuait toujours! En avons-nous abordé des sujets! Poésie, littérature, musique, philosophie (vous avez bien lu philosophie). Et de plus en plus nous nous félicitions de la bonne fortune qui nous avait procuré la compagnie de mademoiselle M***, dont nous avons pu apprécier la solide instruction et les ressources d'esprit.

Nous arrivons enfin à Pompéi à dix heures, notre déjeuner nous attendait, et nous étions tous disposés à lui faire honneur. Mais notre caravane ressemblait à une compagnie de maçons ou de fariniers. Les vêtements, les chapeaux n'avaient plus de couleur. Ils étaient uniformément recouverts d'une couche énorme de poussière. Nous nous nettoyons tant bien que mal (plutôt mal que bien), et nous nous mettons à table.

Il fut plein d'entrain et de gaieté ce déjeuner. Des joueurs de violons succédaient aux joueurs de guitares, et un moment nous eûmes l'idée de réunir tous ces instruments en un seul orchestre, mais ils ne purent s'entendre. Le fameux *Funiculi-Funicula* nous fut joué plusieurs fois, bien entendu.

L'aubergiste avait une bonne tête de vieux papa et était d'une gaieté folle, il nous prodiguait les marques les plus expansives de sa sympathie. Il m'embrassa deux fois les mains, et un moment même, il prit Jules par la tête, par derrière, et lui déposa un baiser sonore sur le front. Jules ferma les yeux et sourit. Le fat !!! je suis sûr qu'il croyait que le baiser ne venait pas du vieil aubergiste. — Mais notre guide nous presse d'achever notre festin en nous faisant observer que la visite à Pompéi est longue, et qu'ensuite nous avons à faire l'ascension du Vésuve. Entre temps, il nous dit que l'aubergiste est aimable, mais que c'est un vieux filou.... ???

Nous entrons dans Pompéi et nous nous divisons par groupe de *huit*. Chaque groupe est conduit par un *guide officiel*, employé de l'État italien. Des avis répétés partout en italien, en anglais, en français, recommandent aux visiteurs de n'offrir aucune gratification aux cicerone qui seraient immédiatement destitués s'ils acceptaient la moindre chose.

Philippe et moi sommes pour notre malheur les seuls français du groupe. Les six autres sont des Belges (des deux sexes), qui nous ont fait bondir plus d'une fois avec leurs réflexions saugrenues. Jules lui-même nous a quittés pour ne pas rester avec ses compatriotes. Quant à mademoiselle M***, elle a naturellement rejoint ses compagnons ordinaires. L'autre dame et son fils sont dans un autre groupe.

Notre guide nous conduit admirablement, et ses explications sont très claires et très instructives. Quelle visite intéressante nous avons faite! Quel spectacle curieux que celui de cette ville enfouie depuis dix-huit cents ans et qui se découvre sous nos yeux telle qu'elle était lors de sa destruction!!! On voit encore dans les rues les traces des chars. Notre cicerone nous fait l'historique de la découverte. Je ne le refais pas ici, puisqu'on le trouve dans tous les guides possibles, et mieux décrit que je ne saurais le faire.

Nous ne pouvons nous lasser d'admirer une belle fontaine en *mosaïque* qui a été retrouvée tout dernièrement. Elle est dans un état parfait de conservation.

Nous observons que les anciens entendaient et aimaient le confort. Nous sommes frappés de l'état de conservation de certaines maisons, dont les peintures sont encore très belles et ont gardé une fraîcheur, relative bien entendu, mais tout à fait remarquable.

Nous sommes également intéressés par une boulangerie où l'on voit encore quatre moulins et le four. Les moulins étaient manœuvrés à main par des esclaves qui devaient écraser le blé avec d'énormes pierres que nous avons vues.

La maison de Diomède nous intéresse d'une façon toute particulière. Quand nous y arrivons, nous ne sommes plus que trois, Philippe, moi et le Belge agaçant. Celui-ci, ayant encore une bêtise à dire, n'a pas voulu rester avec ses compatriotes, qui eux ont franchement déclaré qu'ils avaient assez de visiter ces vieilleries-là. Mais sapristi, qu'est-ce que ces gens-là sont donc venus faire en Italie?

Elle est admirablement conservée, cette maison de

Diomède, un étage est encore entier. Dans le caveau, on voit distinctement les empreintes de dix-sept squelettes que l'on a retrouvés quand la maison a été découverte. On voit également des amphores rangées symétriquement et à demi ensevelies dans la cendre.

Mais, hélas! là comme à Florence, comme à Naples, le temps nous presse, et il nous faut passer rapidement au milieu de toutes ces curiosités. — Je me suis découvert à Pompéi des goûts archéologiques que je ne me connaissais pas. J'ai éprouvé là le plus grand intérêt.

En nous en allant, nous passons devant la maison de *Cornelius Rufus*. Un buste retrouvé dans la maison, et sur le piédestal duquel ce nom était gravé, indique le nom du propriétaire. Le Belge demande au guide comment il se fait qu'un *colonel russe* demeurait là (je vous donne ma parole d'honneur que je n'invente pas). Nous ne pouvons que nous exclamer. Le Belge nous dit que tout le monde n'est pas forcé de savoir l'histoire grecque. Oh !!!

Notre visite se termine par le musée dans lequel nous voyons des squelettes humains moulés, et des squelettes d'animaux. Comme je l'ai dit plus haut, tous les objets faciles à emporter avec soi ont été, par précaution, transférés au musée de Naples.

Il est interdit aux visiteurs d'offrir et aux guides d'accepter des pourboires. Mais nous voulons néanmoins récompenser ces braves gens qui nous ont fait faire une visite aussi intéressante. Il est avec le ciel des accommodements. Le gouvernement autorise les employés à tenir une boutique où ils vendent des photographies, des albums, des bijoux montés avec des pierres provenant de fouilles. Ces objets sont cotés à 300 p. 100 au-dessus de leur valeur. En les leur payant moitié du prix que les cicerone en demandent, nous avons conscience de les rémunérer largement.

Nous remontons en voiture et reprenons la route de

Résina (Herculanum) pour aller au Vésuve. Nous avons retrouvé ces dames dans le landau, et la conversation, les chants reprennent de plus belle. Quand nous quittons Pompéi, nous voyons de gros nuages sur le Vésuve, et nous craignons, si cela continue, de ne pouvoir faire l'ascension, mais l'orage se passe loin de nous, avant que nous soyons arrivés au bas de la montagne. Le temps redevient superbe et notre entrain continue. En repassant devant la *villa Favorite*, nous essayons de jeter dans l'intérieur un regard indiscret, mais, comme le matin, tout est hermétiquement clos, et nous n'apercevons même pas le nègre que nous avions vu en venant.

Les voitures commencent à monter, ce qui donne aux mendiants plus de facilité pour nous suivre. Nous ne leur accordons pas la moindre attention, et je ne prononce le fameux *Anda* que pour ceux qui sont trop repoussants, ou par trop gênants. — D'aucuns, au lieu de demander franchement l'aumône, nous offrent à acheter des choses fantastiques. Je ne parle pas des marchands d'oranges qui pullulent et qui vous demandent trois sous d'oranges que l'on paye couramment dix centimes à Paris. Mais on a voulu nous vendre des chiens, de tout petits chiens. Le prix variait de deux à dix sous. Je vois encore un amour de petit toutou que j'aurais pu avoir pour trois sous. Mais il devait téter encore. Comment l'aurais-je rapporté? Quel aura été le sort de ce malheureux caniche?

On nous a offert un bébé!!! Là encore je n'invente pas, une femme s'est avancée jusqu'à notre voiture, et voulait y déposer son moutard, qui pouvait bien avoir de six à huit mois. Quel était son but? Était-ce pour nous le vendre? — Quoi qu'il en soit, nous avons refusé énergiquement de prendre en charge ce futur lazzarone, et pour le coup j'ai prononcé le *Anda* de toutes mes forces.

Nous sommes accompagnés quelque temps par un groupe de quatre musiciens qui chantent en s'accompagnant d'une sorte de guitare. — Encore les mœurs napolitaines : on rencontre à chaque instant des gens à peine vêtus, qui n'ont pas de chemise, mais qui ont une guitare ou un violon. Ces mâtins-là sont musiciens dans l'âme. Nous entendons à plusieurs reprises, sur notre demande du reste, le *Funiculi-Funicula* qui est tout à fait de circonstance, puisque cette chanson est faite pour *le Vésuve* et le chemin de fer funiculaire.

A mesure que nous montons, le panorama de la plaine, de la baie et de la ville de Naples devient splendide. Il fait un soleil magnifique, et nous jouissons d'un spectacle incomparable.

Par moments, les vaillants (et j'en suis) descendent de voiture et se donnent le luxe de faire une partie de l'ascension à pied. Plus nous avançons et plus le sol devient aride, pierreux et noir de lave. Et le chemin de fer funiculaire, que nous avions cru un instant toucher de la main, paraît s'éloigner à chaque détour. Et nos dix-huit landaus en file ajoutent encore au pittoresque. Nous rencontrons nos compagnons de la deuxième série qui redescendent dans les voitures de la compagnie du chemin de fer, et qui nous parlent du magnifique spectacle qui nous attend là-haut. — Nous serrons la main à M. et madame L*** qui, fatigués de leur ascension, se félicitent de ne pas avoir fait le même jour les deux excursions.

Nous passons devant l'observatoire et nous nous croyons arrivés, mais nous avons encore une bonne demi-heure de montée. Enfin à 5 heures et demie nous parvenons à l'hôtel du chemin de fer funiculaire. Les chevaux sont dételés ; nous en voyons trois ou quatre se rouler aussitôt dans la poussière ; il faut croire que celle de la route ne leur suffisait pas.

On nous distribue des numéros, et il est convenu qu'une partie des voyageurs dînera au chemin de fer avant de faire le restant de l'ascension, et l'autre après. — Nous rejoignons là les compagnons de wagon de mademoiselle M***, et tous nous sommes de la première série des dîneurs. Du reste cette série me paraît être en forte majorité.

Le dîner fut médiocre, mais très gai. Nous l'arrosons de quelques verres de Lacryma Christi. Comme nous venions de nous mettre à table, nous entendons une voix formidable chantant une romance de café concert. C'est le Belge, toujours le Belge, qui, sans en être prié, nous donne un échantillon de ce que sa femme (il n'y a que les femmes pour avoir de ces délicatesses) appelle son talent!!! A cette romance, et toujours sans qu'on l'en prie le moins du monde, succède je ne sais quelle chanson comique, grotesque plutôt, qu'il ne peut achever, la société réunie lui manifestant nettement son ennui.

Après le dîner, et en attendant que nous puissions achever notre ascension, nous prenons à tour de rôle l'unique plume de l'établissement pour adresser du haut du Vésuve quelques lignes de souvenir à nos familles et à nos amis.

Enfin, notre tour arrive et nous montons en wagon. Nous ne sommes que dix (le maximum des voyageurs admis). — Un coup de sifflet et nous partons.

Le chemin de fer funiculaire rappelle en plus haut, bien entendu, la *ficelle*, qui de Lyon mène à Fourvières ou à la Croix Rousse. Il a 820 mètres de parcours et 63 0/0 de pente.

Nous ne chantons pas : nous commençons à être émus. — J'entrevois, in petto, l'hypothèse d'un accident à cette hauteur. — Nous serions broyés. — Je garde, bien entendu, mes réflexions pour moi. — Les quatre dames qui sont avec nous sont vaillantes, décidées. Une d'elles pourtant nous paraît trop décidée. Elle est excitée sans doute par l'originalité de l'ascension, et nous craignons un instant qu'elle ne se jette en bas du wagon. — Nous la décidons à se tenir tranquille. Nous arrivons enfin au bout du chemin de fer, et là nous trouvons les guides qui doivent nous mener au sommet du cratère, à 200 mètres au-dessus de la station d'arrêt.

Les guides nous prennent par le bras et nous montons. Nous enfonçons dans la cendre ; il fait nuit, et à mesure que nous avançons, une odeur de soufre se répand autour de nous. Nous ne disons rien : nous sommes profondément impressionnés.

A un moment, nous nous retournons, et alors nous avons sous les yeux le spectacle féerique du golfe et de la ville de Naples étincelante de mille feux. Que c'est beau !! Nous continuons notre ascension et sommes tout à fait enveloppés d'une épaisse vapeur de soufre. Nous nous y faisons peu à peu et nous arrivons au point culminant que les guides disent ne pouvoir dépasser, 1,400 mètres au dire des guides, mais Joanne et Bedecker affirment que le Vésuve n'a que 1,200 mètres ; qui croire ?

Très roublards, ces guides. Il a été convenu qu'on leur donnerait 3 francs par tête de voyageur pour nous mener au sommet du grand cratère. Au bout de 150 à 200 mètres, ils déclarent qu'il y a danger réel, et qu'à la nuit il serait imprudent d'aller plus loin. Mais individuellement ils nous glissent à l'oreille que pour 5 francs le danger serait moindre. Quelques-uns sont d'avis de pousser l'ascension plus loin. Mais Philippe et moi refusons de nous fier à de pareils farceurs dont la sécurité dépend de quarante sous de plus ou de moins, et tout le monde se range à notre avis. — Du reste, nous avons su depuis que ces honnêtes guides ne nous auraient pas menés 10 mètres plus haut pour nos 5 francs.

Nous assistons à deux ou trois éruptions du cratère qui lance des flammes et de la lave. Cela ressemble à un bouquet de feu d'artifice. Nous ne pouvons nous lasser d'admirer ce spectacle. Comme nous sommes haut !!!

Notre pensée est tout entière là où nous sommes, en pleine poésie..... Tout à coup nous entendons crier : *Oh mince! c'est rien dur à grimper* (textuel). Nous tombons immédiatement de la poésie dans la plus prosaïque réalité. Ces expressions, en usage dans le « monde où l'on n'est pas distingué », sont proférées par deux jeunes gens de dix-huit à vingt ans qui ont fait l'ascension en chemin de fer en même temps que nous, et que nous n'avions pas remarqués. Monter au Vésuve pour entendre parler ainsi !!! Cela nous fit à tous l'effet d'une douche d'eau glacée. — En redescendant, j'examine ces deux gaillards que j'ai eu occasion de revoir depuis. Quels sont-ils? Comment font-ils ce voyage? C'est une question que je n'ai pu résoudre. En tous cas, ils peuvent se vanter d'avoir tout à fait rompu le charme.

Nous remontons dans le chemin de fer et, arrivés à l'*Hôtel funiculaire*, nous avons à peine le temps d'écouter les propositions du patron qui nous offre pour 25 francs des épingles montées sur des laves ou des pierres ponce du Vésuve, épingles qui valent bien 10 francs bien payées.

Nous remontons en voiture, et, escortés par des jeunes gens porteurs de flambeaux, nous redescendons la montagne aussi rapidement que la route le permet. — Je ne sais si c'est l'impression du Vésuve qui nous a rendus rêveurs, mais, dans notre voiture si gaie au départ, la conversation ne languit pas, mais est d'un sérieux désespérant. Nous causons politique! économie sociale!! mariage!!! divorce!!!! Cela devenait lugubre.

Heureusement qu'à Portici nous rencontrons un orchestre complet avec instruments à cordes, instruments à vent, pistons même, donnant une sérénade, nous le supposons du moins, vu l'heure avancée; cela change nos idées et mademoiselle M*** donnant l'exemple nous chante les *Deux Pigeons* de Daudet.

Nous abandonnons nos théories philosophiques et le

reste du trajet s'accomplit aussi gaiement que s'était effectuée la route pour aller.

Nous rentrons à Naples à minuit, un peu fatigués, mais enchantés de notre journée. Philippe me propose une promenade en barque sur la mer. Je refuse net. Il déclare qu'il la fera tout seul. — Nous avons su le lendemain qu'il n'a pu réaliser son projet.

Quelle journée bien remplie!!!

Je reste au moins une heure à ma fenêtre à regarder le Vésuve qui est toujours surmonté d'un panache de feu. Enfin je me couche, et m'endors très tard en pensant à Pompéi, au Vésuve. La nuit je rêve que le chemin de fer funiculaire nous ramène à Paris par une pente de 63 0/0.

# SORRENTE. LA GROTTE D'AZUR. CAPRI.

### (6 avril.)

Malgré nos fatigues et nos émotions de la veille, nous sommes debout à sept heures et demie.

A neuf heures toute la première série de l'agence est réunie et nous nous embarquons sur un magnifique bateau qui doit nous mener à Sorrente. — Le temps est toujours superbe. La mer, d'un bleu indigo, est calme comme un lac : tout s'annonce bien.

Nous partons. Entre nous, j'avais une certaine appréhension. Les voyages maritimes ne me sont généralement pas favorables. Le souvenir de la traversée de Calais à Douvres est toujours présent à mon esprit, et je craignais que les scènes qui ont accompagné cette traversée ne se renouvelassent. Mais je vois la mer si calme et si belle, et puis Philippe, qui passerait sa vie sur l'eau et dans l'eau, me persuade si bien que l'on n'est malade que lorsque l'on veut, que je me rassure et me commande à moi-même d'être solide. (Je ne puis pourtant m'empêcher de penser que de Calais à Douvres j'ai été malade tout à fait contre ma volonté.)

Inutile de dire que des musiciens et des chanteurs sont embarqués avec nous. Ils sont obligés de se multiplier et de répéter leurs morceaux à l'avant, à l'arrière et sur la passerelle du bateau. Les voyageurs fournissent eux-mêmes les chœurs, et Dieu sait si nous nous en acquittons. Le voyage de *l'aller* est d'une gaieté folle. Pendant une heure et demie qu'a duré la traversée il n'y a eu qu'une seule personne malade. C'est une demoiselle qui doit faire le voyage de Jérusalem, très prochainement. La pauvre demoiselle ! nous la plaignons sincèrement : si elle est malade de cette façon au bout d'une demi-heure, que sera-ce pendant la longue traversée qu'elle va entreprendre ?

De quelle vue splendide avons-nous joui !!! D'un côté, Naples qui forme un décor admirable, vu de la mer et dont le panorama est encore plus beau que celui de Gênes ; de l'autre côté, le Vésuve, Castellamarre, Sorrente et plus loin Capri. D'un autre côté encore, Procida. Nous sommes en veine de poésie, nous pensons tout naturellement à *Graziella*, ce bijou de Lamartine, que je n'ai jamais pu lire sans la plus vive émotion. Mais je me fais conspuer en soutenant que Lamartine, tout poète qu'il était, me fit l'effet, en cette circonstance, d'un profond égoïste. C'est encore mon avis.

Nous ne nous reposons de chanter que pour admirer. Nous sommes dans le ravissement.

A dix heures et demie nous arrivons à Sorrente. Nous débarquons à une centaine de mètres de la côte et abordons dans des barques conduites par des gamins dont le plus âgé n'a pas quinze ans.

Sorrente nous paraît très pittoresque. Nous arrivons dans la ville par une pente assez raide que nous gravissons avec la rapidité de gens qui ont gravi le Vésuve la veille. Philippe, toujours bon, a offert l'appui de son bras à M. Lubin pour faire cette petite ascension. Je le soupçonne de lui demander une remise. — Nous arrivons à l'hôtel Vittoria, qui est admirablement situé. Nous pénétrons sous une allée de *citronniers* et d'*orangers*, les premiers que nous voyons depuis huit jours que nous sommes en Italie. — Je ne croyais pas qu'il fallût aller si loin dans le « pays où fleurit l'oranger » pour voir de ces arbres, dont, paraît-il, Nice est abondamment pourvu.

Nous ne pouvons résister au plaisir de faire un tour de jardin avant le déjeuner, tellement ce jardin est magnifique. Mais la cloche nous arrache à notre admiration, et nous nous mettons à table. Le déjeuner est excellent et plein d'entrain. M. Lubin offre à ses voyageurs quelques bouteilles de vin de Capri, le café et de nombreuses liqueurs. Un monsieur, très distingué, décoré, que nous appelions le doyen de l'agence (ce n'était pourtant pas le plus âgé, certainement), remercie en notre nom M. Lubin de sa gracieuseté et lui porte un toast en rendant hommage à la façon intelligente et large avec laquelle il a organisé cette excursion. Nous nous associons tous à cet hommage, qui n'est que juste.

Nous prenons le café sur une terrasse d'où nous jouissons de la vue incomparable de la mer et de Naples dans le lointain. Les adjectifs me manquent pour rendre l'impression que nous avons éprouvée. On n'entendait à chaque instant que des : « Ah! quelle admirable vue! Dieu! quel beau spectacle! » Et de fait, il me paraît difficile de voir quelque chose de plus magnifique.

Nous nous étions regroupés selon nos habitudes en prenant le café. Notre cercle s'était reformé, composé de mademoiselle M... et de ses compagnons de wagon, des deux maires et du jeune collégien, dont j'ai parlé en commençant, de Jules, de Philippe et de moi. Avons-nous assez ri, mon Dieu! toutes ces dames étaient très gaies et je vous laisse à penser si j'étais en train et si ma langue a joué un rôle actif.

Pourtant un incident faillit tout gâter. Le Belge (l'affreux Belge, dont j'ai eu trop à parler jusqu'ici) vint, sans être le moins du monde prié, se joindre à notre réunion. Je le regardai de travers et me promis de ne pas manquer de chercher au besoin l'occasion de l'inviter à rejoindre ses compatriotes. L'occasion vint d'elle-même. A propos de bottes, ce monsieur, croyant être spirituel, nous dit que sa mère a jeté six enfants à l'eau pour le conserver. « Prenez garde, monsieur, lui répondis-je, je pourrais vous faire observer qu'il est regrettable que madame votre mère n'ait pas continué jusqu'au septième. »

Le Belge me regarda, puis se leva sans mot dire et partit : j'en ai été débarrassé pour le restant du voyage. Ces dames me dirent que j'avais été trop raide, mais furent, elles aussi, enchantées d'être délivrées de sa gênante présence.

A deux heures nous nous rembarquons, et filons dans la direction de Capri. Au bout d'une demi-heure, nous redescendons dans des barques et nous nous dirigeons vers la *Grotte d'azur*, où nous pénétrons en baissant la tête. Grand Dieu!!! Quel enchantement!!! Un véritable décor de féerie!!! L'eau bleue comme le bleu du plus beau ciel!! — Cette grotte a environ 50 mètres de longueur sur 25 de large : nous en faisons deux ou trois fois le tour. Il nous est impossible de dire un mot : nous sommes muets d'admiration. Dans le fond de la grotte, un individu dans l'attitude d'une statue attend qu'on lui jette des pièces de monnaie pour aller les chercher au fond de l'eau. Nous lui jetons une dizaine de sous, et le voyons plonger et disparaître. Il revient tenant dans sa main les sous qu'il a repêchés.

Il y a 21 mètres d'eau et je crois que nous n'avons pas perdu le plongeur de vue un instant. Nous ne nous lassons pas de ce spectacle que nous ne reverrons peut-être jamais.

Mais nous sommes arrachés à notre admiration par les cris des gamins qui nous conduisent. Le vent a changé ; la mer commence à rouler, et ces maudits gamins ne réussissent pas à nous sortir de cette grotte merveilleuse. Heureusement que Philippe a l'habitude du canot. Il prend les rames, nous nous baissons jusqu'au ras de la barque et nous ressortons enfin. — Mais le bateau n'est plus où nous l'avons laissé. Il a changé à cause du vent et se trouve à une centaine de mètres de nous. Les gamins poussent des hurlements, appellent leur mère. Philippe me dit de les faire tenir tranquilles, j'en prends un, le plus poltron, et lui défends de bouger. Il a compris à mon air ce que je voulais lui dire, car il se tait enfin. — Mademoiselle M... est d'un calme parfait; elle habite le bord de la mer et en a vu bien d'autres, nous dit-elle. Une dame, de la société de mademoiselle M... et qui se trouve avec nous dans la barque, commence à trouver que nous sommes longs à rejoindre le bateau, mais on ne peut dire qu'elle ait peur. — Jules est blanc comme un linge, mais très calme lui aussi. Quant à moi, je ne puis voir de quelle couleur je suis, mais je n'ai pas la moindre crainte, j'ai pleine confiance en Philippe : on voit qu'il sait conduire une barque. Et puis, faut-il l'avouer, me rappelant le remède qu'un médecin anglais m'a indiqué contre le mal de mer, j'ai largement arrosé mon déjeuner; j'ai non moins largement usé (*usé* seulement) des liqueurs offertes par M. Lubin, et tout cela me donne une excitation qui ne laisse aucune place à la peur.

Nous rejoignons enfin le bateau (nous étions les derniers) : on nous jette une corde. Bien entendu ces dames sautent les premières sur l'escalier. Mais voilà-t-il pas que ce bêta de Jules veut sauter immédiatement après elles, et sans prendre son temps. Il attrape bien l'escalier, mais fait un faux pas, manque de tomber à l'eau et, par suite de ses mouvements désordonnés, donne à notre barque une poussée qui la rejette à une vingtaine de mètres. Cela ne devenait plus drôle du tout. Mais Philippe rame comme un enragé : enfin nous rejoignons une seconde fois le bateau, et cette fois nous pouvons aborder à notre aise.

Remontés sur le pont, nous trouvons quelques malades. En raison du vent nous n'abordons pas à l'île de Capri que nous nous contentons de contempler. — Nous repartons. mais le bateau ne marche pas, ce n'est qu'au bout d'une bonne heure et demie que nous repassons devant Sorrente.

De temps en temps on signale un nouveau malade. La malheureuse demoiselle, future pèlerine de Jérusalem, est couchée sur un banc du pont, comme une masse inerte. L'infortuné maire, notre compagnon de wagon, est à moitié mort. Ah mais!—Ah mais! il faut réagir : Philippe et moi cherchons les musiciens, qui ne sont pas malades heureusement, et nous entonnons le fameux *Funiculi-Funicula*. Philippe conduit les chœurs sur le pont, moi sur la passerelle. Nous allons de droite à gauche faire chanter ceux qui n'en ont pas envie, en leur persuadant que c'est le seul moyen de réagir. Philippe est d'un entrain endiablé. Il assure qu'il ne se plait que sur mer. Quant à moi, qui au fin fond n'étais pas très sûr de la solidité de mon cœur, je m'étourdis tout à fait, je me remue comme quatre, je fais du bruit comme douze, je ne cesse de chanter, de causer et je ne suis pas malade.

Un moment, je crois bien pourtant que je vais succomber. Une jeune demoiselle, qui s'était trouvée avec son père dans le même compartiment que l'abbé D..., et avec laquelle, pour cette raison, j'échangeais quelques paroles quand le hasard nous faisait nous rencontrer, me dit à brûle-pourpoint : « Eh bien, monsieur, je ne suis pas dupe de votre entrain, de votre gaieté, tout cela est factice : vous vous étourdissez parce que vous avez peur d'être malade. » C'était vrai en somme. « Ah! mademoiselle, lui répondis-je, vous avez tort de me dire cela, vous allez détourner la veine. » Et de fait, la réflexion de cette jeune fille me fit froid. Mais je réagis quand même et n'en continuai que de plus belle à chanter et à rire. Quelques instants après, la malheureuse enfant était prise elle-même et horriblement malade.

Enfin, vers six heures et demie nous apercevons distinctement non plus seulement les côtes de Naples, qu'à la vérité nous n'avions jamais perdues de vue, mais notre hôtel du Vésuve. A sept heures, nous étions débarqués et nous nous mettions presque aussitôt à table.

Comme la première fois, le dîner fut accompagné d'un concert. Mais les musiciens nous parurent inférieurs à ce qu'ils avaient été l'avant-veille. Le fameux *Funiculi-Funicula* lui-même ne fut pas accompagné en chœur comme il l'avait été à la première audition : il est vrai de dire que nous l'avons tellement chanté dans la journée que nous en sommes fatigués (1). — Et puis, il plane sur nous tous le regret, le vif regret de quitter Naples où nous ne sommes en réalité restés qu'un jour. Les souvenirs de Pompéi, du Vésuve, où nous avons passé la veille une si bonne journée; l'impression encore toute vive de Sorrente, de la grotte d'azur, un véritable enchantement, nous font regretter de partir aussi vite d'un pays où nous aurions pour huit jours au moins d'excursions à faire, et quelles excursions!!! Mais il faut être raisonnables. — Et puis d'autres surprises nous attendent peut-être encore autre part. Nous montons rapidement boucler nos valises et à huit heures et demie nous partons de l'hôtel. Pendant que nous nous installons dans les voitures, de jeunes lazzarone nous chantent quelques chansons du crû. Un d'eux nous chante, en italien, la valse des *Cloches de Corneville*, avec une voix de tenorino qu'envieraient des artistes.

Les voitures s'ébranlent. Au bout de quelques tours de roue, Jules s'aperçoit qu'on lui a enlevé une de ses manchettes. Le bouton en nickel qu'il exhibait complaisamment a sans doute tenté le jeune chanteur, qui se l'est approprié. A neuf heures le train nous emporte vers Rome. Nous sommes écrasés de fatigue, aussi dormons-nous tous quatre à poings fermés, en pensant à Sorrente, à Graziella et à la grotte d'azur.

Adieu Naples !!!!

(1) J'ai pu me procurer le texte de la chanson de Funicula, dont j'ai déjà souvent parlé. Ce n'est pas de l'italien, mais bien une sorte de patois napolitain. Ce que je ne puis rendre c'est l'accent du pays, qui ajoute un caractère particulier à cette chanson.

### FUNICULI — FUNICULA.

Aissera, Nanniné, me ne sagliette
    Tu saje addò ?
Addò sto core ngrato chiù dispiette
    Farme non pó.
Addò llo fuoco core, ma si fuie
    Te lassa stà
E non te corre appriesso, non te struje
    Ncielo a guardà.

    Jammo ncoppa, jammo jà
    Funiculi, Funicula.

Nè... jammo, dalla terra a la montagna
    Na passo ne è ;
Se vede Francia, Procida, e la Spagna
    E io veco a te
Tirate co lli fune nditto, nfatto
    Ncielo se va
Se va comm'a lo viento, à l'antrasatto
    Guè, saglie, sa.

    Jammo ncoppa, jammo jà,
    Funiculi, Funicula.

Se n'è sagliuta, o je ne, se n'è sagluita.
    La capa già ;
E ghiuta, pò è tornata, pò è venuta
    Sta sempe cia !
La capa vota vota attuorno, attuorno,
    Attuorno a te
Sto core canta sempe no taluorno
    Sposammo oje nè?

    Jammo ncoppa, jammo jà,
    Funiculi. Funicula.

Notre guide a bien voulu me remettre la traduction approximative de cette chanson. C'est cette traduction que je me suis permis de commettre en vers libres... trop

# SORRENTE. — LA GROTTE D'AZUR. — CAPRI.

libres peut-être. Je compte sur l'indulgence de mes lecteurs pour fermer les yeux sur la grande indigence des rimes. Je doute que cette appropriation m'ouvre jamais les portes de l'Académie; du reste, elle n'est pas destinée à sortir du cercle de l'intimité.

Je dois récuser la paternité du premier couplet. Je l'ai trouvé tout versifié et l'ai laissé tel que.

Hier soir, je suis monté, gentille Annette,
    Sais-tu bien où ?
Si haut qu'on ne voit plus une coquette
    Vous rendre fou.
On voit un feu qui flambe et brûle encore,
    Mais que l'on fuit,
Tandis que ton regard toujours dévore
    Et vous poursuit.

    Viens donc, viens donc jusque-là,
        Funiculi, Funicula.

Ah ! viens, tout au sommet de la montagne,
    Là-haut on voit
La France, Procide et puis l'Espagne,
    Moi rien que toi.
On monte, on monte, une force vous pousse,
    C'est merveilleux.
Mais un baiser de ta bouche si douce
    Vous mène aux cieux.

    Viens donc, viens donc jusque-là,
        Funiculi, Funicula.

Oh ! que la terre est loin, ma bien-aimée,
    Je suis heureux ;
Mon âme ravie et toute charmée
    De tes beaux yeux
Se sent auprès de toi, ma belle Annette,
    Pleine d'émoi.
Ma tête tourne, tourne, et mon cœur s'arrête.
    Oh ! aime-moi.

    Viens donc, viens donc jusque-là,
        Funiculi, Funicula.

# ROME

(Première journée, 7 avril.)

A six heures du matin, nous arrivons à Rome, et nous nous rendons aussitôt à l'hôtel de Milan, où nous avons la chance d'être tous réunis. Il ne manque que mademoiselle M... qui est dans sa famille.

Nous sortons, Philippe et moi, avant le déjeuner et en longeant le Corso, nous nous trouvons à l'hôtel central des Postes italiennes, qui est un véritable palais. Un beau jardin au milieu, et, tout autour, des galeries ornées de belles peintures : on se croirait dans un musée ou dans une habitation de quelque riche seigneur aux goûts artistiques.

J'étais porteur d'une lettre pour M. T..., un bibliophile distingué, qui m'a fait la plus cordiale réception, et s'est mis à ma disposition avec un empressement dont je suis heureux d'avoir encore l'occasion de le remercier. Mais notre temps était tellement pris par le programme de l'agence que je n'ai pu profiter comme je l'aurais voulu de son aimable et très intéressante société.

Une remarque. — Pris par la soif, nous entrons dans un café, que l'on nous avait signalé comme vendant du vermouth exquis. A huit heures, on nous fit payer ce vermouth 30 centimes. Plusieurs de nos compagnons qui allèrent dans ce même café à dix heures et prirent de ce même vermouth ne le payèrent que 15 centimes. Était-ce une question d'heure ? Était-ce une question de têtes ?

Après déjeuner, des chars-à-bancs viennent nous chercher ; nous faisons la grimace, car jusqu'ici nous étions habitués aux landaus. Au moment de partir, notre guide nous prévient que l'itinéraire est changé. Nous devions, le premier jour, visiter Saint-Pierre et le Vatican. Mais, en raison du vendredi-saint, nous retardons de vingt-quatre heures ce programme et nous visiterons aujourd'hui les antiquités de Rome. Nous nous regardons, Philippe et moi. Encore tout pleins des émotions de Sorrente et de la grotte d'Azur, nous craignons que la transition ne nous paraisse trop forte. On nous parle surtout d'une promenade sur la voie Appienne, qui pour des gens fatigués sera peut-être bien un peu sérieuse ; mais il faut vouloir ce qu'on ne peut empêcher.

Nous avons un guide qui sait se concilier tout de suite nos sympathies : une figure de brave et digne homme (ce qui nous change un peu). Nous apprenons que c'est un français, ancien sous-officier, qui s'est marié et fixé à Rome où il exerce la profession de guide-interprète.

Nous commençons notre visite par le Panthéon, où nous remarquons le tombeau de Raphael et celui de Victor-Emmanuel. Ce dernier est gardé par des vétérans de la guerre de 1849 qui ont réclamé cet honneur. Énormément de couronnes, de fleurs, de souvenirs, venant principalement du Piémont et de la Sardaigne. Ce tombeau n'a du reste absolument rien de particulier.

De là nous nous rendons au Capitole, où notre guide nous fait un cours d'histoire romaine très intéressant, ma foi : nous regardons rapidement (le temps, toujours le temps qui nous presse) les statues de Castor et Pollux et la statue équestre en bronze de Marc-Aurèle et nous entrons au musée que nous visitons assez sommairement. Nous nous arrêtons cependant devant le *Gladiateur mourant*, qui mérite d'être admiré, et devant la *Vénus du Capitole*.

Nous continuons notre visite par le *Forum romain*, l'*arc de Septime Sévère*, et le *Colisée* où nous nous arrêtons assez longtemps. Que c'est grandiose!... que ces ruines sont encore imposantes!...

Dans ses explications, notre guide commet un bon lapsus que nous ne laissons pas échapper, car les occasions de rire ne paraissent pas devoir être fréquentes aujourd'hui. En nous parlant des combats de bêtes dont le Colisée était le théâtre, il nous cite les agneaux comme bêtes féroces se dévorant entre elles!!! Après cela, les temps sont tellement changés! C'était peut-être comme cela sous Néron. — A la stupéfaction de Jules, Philippe et moi ramassons chacun une pierre du Colisée que nous rapporterons comme souvenir historique.

Du Colisée, nous nous rendons par le *Palais des Césars* et les *thermes de Caracalla* à la fameuse *voie Appienne*. Ce que nous avions prévu ne manque pas. — Il fait un soleil brûlant. — Les chevaux vont au pas. — Quoique nous soyions sur le siège de devant près du cocher, nous sentons, Philippe et moi, nos paupières s'alourdir. Nous essayons bien, pour nous réveiller, d'évoquer les souvenirs historiques qui nous invitent à chaque pas. Nous nous disons bien que c'est l'histoire romaine tout entière qui se déroule sous nos yeux. — Hélas! le souvenir de nos excursions à Pompéi, Vésuve et Sorrente enfonce complètement l'histoire romaine. Et pendant que l'interminable voie Appienne poudroie sous les pieds de nos chevaux, nous nous laissons aller à rêver à Naples et à ses environs. — De la rêverie au sommeil, il n'y a qu'un pas..... Notre guide nous réveille à la porte de la basilique Saint-Sébastien. Nous étions presque honteux de nous être oubliés, mais nous nous apercevons que nos camarades de l'intérieur du char-à-bancs ont fait comme nous.

Nous nous arrêtons à peine dans la basilique qui ne nous présente rien de remarquable. Nous trouvons à une sorte de sacristie un moine à figure ascétique qui va nous servir de guide dans les catacombes. Il nous remet à chacun un petit cierge et nous descendons à la file.

Très originale cette promenade aux flambeaux. Par moments, il nous faut baisser la tête ; les plafonds sont peu élevés. Nous ne pouvions en beaucoup d'endroits passer deux de front. Nous voyons les traces des autels où les premiers prêtres chrétiens célébraient la sainte messe. En somme, cette visite ne nous produit qu'une impression assez médiocre et c'est avec plaisir que nous remontons. Nous nous arrêtons un instant devant le *tombeau de Cecilia Metella*, et nous quittons enfin la voie Appienne pour nous diriger vers *Saint-Paul hors les murs*.

Cette splendide basilique nous change de toutes les antiquités que nous avons visitées aujourd'hui et dont nous sommes (il faut le dire tout bas) un peu fatigués. Nous restons en admiration devant les magnificences entassées dans cette église qui a 140 mètres 65 de long sur 26 mètres 63 de largeur et 34 mètres 43 de hauteur. Le marbre, l'albâtre ont été employés à profusion. Nous remarquons les 259 médaillons en mosaïque représentant tous les papes, depuis saint Pierre jusques et y compris Léon XIII. Chacun de ces médaillons a coûté 6000 *francs* et a demandé à l'artiste un an de travail. Le maître-autel, soutenu par quatre colonnes d'albâtre oriental, me paraît avoir été copié sur celui de Saint-Pierre. Nous sommes unanimes à admirer ces splendeurs.

En sortant, nous jetons un regard sur la façade encore encombrée d'échafaudages. Du reste, il y a encore quinze ans de travail pour achever la basilique, dont la reconstruction a été commencée en 1824, et pour laquelle 21 millions ont déjà été dépensés. Nous visitons un petit cloître du treizième siècle, attenant à l'ancienne basilique et dans lequel nous remarquons une fort belle statue de Grégoire XVI toute en marbre. Avant de remonter en voiture, nous rentrons jeter un dernier coup d'œil dans l'intérieur de cette admirable basilique de saint Paul. Que c'est beau!!!

Nous rentrons dans Rome en passant devant la *pyramide de Caïus Sextius*,, le *temple de Vesta*, la *maison de Rienzi*, le *temple de la Fortune virile*, l'*arc de Janus Quadrifrons*, le *Cloaca Maxima*, l'*arc des Orfèvres*, le *théâtre Marcellus*.

Rien à noter sur ces antiquités que nous regardons froidement, très froidement. Quelques enragés tiennent pourtant à s'arrêter au *Cloaca Maxima*. Je ne m'explique pas cette préférence, d'autant plus qu'ils reviennent en rapportant une odeur justifiée par le nom de leur endroit de prédilection.

Nous rencontrons mon bon abbé D.... que nous avions quitté depuis notre départ pour Naples. Je suis ravi de le retrouver et tous mes compagnons font à cet excellent homme le meilleur accueil.

Le soir, après diner, nous désirons, Philippe et moi, aller entendre le *Stabat Mater* (c'est le vendredi-saint). Il nous est impossible de pénétrer dans aucune des deux églises (?) qui avoisinent l'hôtel de Milan. Comme nous tenons à ne pas nous éloigner, nous allons au *café de Venise* sur le Corso.

Cet établissement (sorte de café concert) annonce que tous les soirs, pendant la semaine sainte, il fera entendre le *Stabat mater*. Le programme que je transcris textuellement (1) nous décide! Mais le *Stabat* n'est pas chanté, il n'est qu'exécuté par l'orchestre, assez bien du reste. Seulement, ce à quoi nous ne nous attendions pas, quoique ce fût porté sur le programme, chaque verset du chant religieux est coupé par une valse ou une polka. Cela manquait tout à fait de recueillement. Aussi nous n'attendons pas la fin et nous rentrons chez nous.

(1) Voir page 62.

GRAN CAFFÈ RISTORANTE VENEZIA

## CONCERTO INSTRUMENTALE

PROGRAMMA

*Per la sera del 7 corrente Aprile* 1882

## STABAT MATER

DI G. ROSSINI

**Parte Prima**

1. *Introduzione.* Quartetto 1. Stabat mater.
2. *Aria.* — Cujus animam gementem.
3. *Duettino.* — Quis est homo, qui non fleret.
4. *Aria.* — Pro peccatis suæ gentis

**Parte seconda**

5. *Quartetto* 2. Sancta mater, istud agas.
6. *Cavatina.* — Fac ut portem Christi mortem.
7. *Aria.* — Inflammatus et accensus.
8. *Coro finale.* — Amen.

Negli intermezzi : 1. *Edera*, Marcia. — 2. *Amalia*, Marcia. — 3. *Sulle rive del Danubio*, Valzer. — 4. *Les Boulevards*, Valzer. — 5. *Fiammella*, Polka.

GELATI : *Pezzi duri* — Spumone, Cioccolatta, Arancio. — Intieri cent. 60. — Mezzi cent. 40.

# ROME

(Deuxième journée. 8 avril.)

La matinée se passe sans aucun incident. Nous faisons un tour sur le Corso, et nous rencontrons plusieurs groupes de moines ou de frères, des ordres et des costumes absolument inconnus à Paris. Nous voyons des jeunes gens vêtus d'une longue robe bleue serrée à la ceinture par une corde, et coiffés d'une calotte noire ? d'autres vêtus comme des cardinaux, tout en rouge et chapeau tricorne avec une ganse rouge ?? D'autres habillés d'une soutane violette avec une énorme croix sur la poitrine ??? Tous se rendent dans différentes églises aux offices du samedi saint. C'est ce jour-là qu'a lieu à Rome la cérémonie de l'Ordination, célébrée à Saint-Jean de Latran, par le cardinal-vicaire, aussi nombre de prêtres se dirigent-ils de ce côté. Le temps me manque pour assister à cette cérémonie.

A déjeuner, et pour la première fois depuis le départ, une discussion politique s'engage à table, et avec les Belges (toujours ces Belges). C'est Jules qui attache le grelot. On parlait de l'armée italienne, et il prétendait (avec raison peut-être) que l'armée belge lui était bien supérieure ; de l'armée italienne il passa à une critique acerbe de l'armée française, ce que nous ne pouvions supporter. Je commençai par décliner absolument sa compétence, puis, comme ses compatriotes se joignaient à lui, principalement celui dont j'ai déjà parlé, je m'emballai tout à fait, et quoique le régime sous lequel vit la Belgique ait mes préférences, il me sembla que le plus élémentaire patriotisme me commandait de soutenir énergiquement, à l'étranger surtout, celui de mon pays. Je ne sais comment la discussion, qui était devenue générale, se serait terminée, si Jules n'avait contribué à la clore en nous déclarant *que nos départements du Nord étaient fatalement destinés à appartenir à la Belgique dans l'avenir!!* Devant une proposition de cette force, il n'y avait qu'à baisser pavillon, ce que nous fîmes. C'est égal, je ne l'ai pas encore digérée celle-là!

Après déjeuner, nous allons visiter la Rome moderne : nous nous rendons sur la *place Saint-Pierre* en passant devant le *fort Saint-Ange*, qui sert actuellement de caserne. Nous remarquons en traversant le pont que le Tibre est bien sale. Il paraît que c'est là son état normal ; c'est sur le pont Saint-Ange que Philippe appela mon attention sur un fait étrange dont nous étions témoins pour la première fois depuis notre arrivée en Italie. En face de nous, deux Italiennes *en costume national* se dirigeaient vers notre voiture. Enfin, nous avions donc vu des costumes autres que ceux que nous voyions journellement à Paris! Que je dise tout de suite que nous vîmes bien une vingtaine de Romaines costumées pendant notre séjour dans la ville.

Nous arrivons sur la place Saint-Pierre au son des cloches. Nous pensons tout d'abord que ce carillon est à notre intention. Mais non, c'est le samedi saint, et on sonne au moment du *Gloria in excelsis*. Je connaissais cette place Saint-Pierre par des tableaux et des photographies, mais je ne pouvais me rendre compte de son aspect grandiose. Il est impossible de ne pas être profondément impressionné en débouchant en face de cette splendide basilique. Nous nous arrêtons pour jouir du spectacle de la place sous tous ses aspects.

Notre guide nous fait remarquer que les quatre rangées de colonnes disparaissent masquées par la première ; c'est d'un effet incomparable. Par exemple, il ne faut pas regarder la place en tournant le dos à Saint-Pierre, car alors on a en face de soi les rues aboutissantes qui ne sont rien moins que somptueuses. Comment n'a-t-on pas eu l'idée de démolir ces vilaines rues et de prolonger la place jusqu'au fort Saint-Ange, ou au moins de faire une belle et large voie digne de la place Saint-Pierre?

Nous entrons au Vatican, et nous regardons avec curiosité les gardes suisses, costumés en lansquenets du moyen âge. Nous gravissons l'escalier royal, et commençons notre visite par les *loges de Raphaël* que, comme toujours, nous examinons trop rapidement. Il y aurait des journées entières à passer rien que dans ces chambres et nous n'avons que quelques instants.

Nous visitons ensuite, toujours à la hâte, les galeries de tableaux. Aucune réflexion, nous admirons tous silencieusement. Par moments pourtant, un cri d'admiration s'échappe de la bouche d'un de mes compagnons. Les Belges eux-mêmes se taisent. Il est vrai que cette galerie ne renferme que peu de tableaux (une quarantaine je crois), mais tous des chefs-d'œuvre de premier ordre, tels que la *Transfiguration* de Raphaël, la *Communion de saint Jérôme*, du Dominiquin, *La Sainte-Famille* et le *Retour de l'enfant prodigue* de Murillo. Dans mes notes, je ne retrouve que ce seul mot... Admirable !

Nous nous dirigeons vers la *Chapelle Sixtine*, des gendarmes pontificaux se promènent dans les galeries que nous traversons. Leur uniforme rappelle un peu celui des gendarmes italiens, un peu celui de nos gendarmes : ils ont une belle tenue. D'une fenêtre donnant sur la cour du Vatican, nous avons une vue superbe du panorama de Rome et, comme fond, les Apennins couverts de neige. La chapelle est moins grande que je ne croyais. Je m'explique maintenant la parcimonie avec laquelle sont distribuées les cartes d'invitation pour les cérémonies célébrées par le Saint-Père. Quand les fonctionnaires du Vatican, les ambassadeurs et les personnages officiels ont été placés, il reste bien peu de places disponibles.

Ici encore, rien à noter, nous admirons. Une réflexion de notre guide, relative au *Jugement dernier* de Michel-Ange. Il nous fait remarquer que le Christ a un peu la stature et l'attitude d'un Hercule. Que l'ombre de Michel-Ange me pardonne, mais c'est mon avis. Notre guide nous explique ensuite que Michel-Ange avait laissé nus tous les personnages représentés dans ses tableaux, refusant absolument de les vêtir, et que c'est un peintre (il ne nous dit pas le nom) qui plus tard les orna de costumes et que pour cette raison on appela le *Peintre culottier* (?).

Nous visitons ensuite les *musées du Vatican*, qui se trouvent derrière Saint-Pierre. Les dames belges et trois ou quatre de ces messieurs restent dans les voitures, mais alors pourquoi ces gens-là sont-ils donc venus en Italie? Enfin, il en reste assez avec nous, et nous allons en entendre de drôles. — Nous avons aussi le malheur de posséder dans notre groupe de visiteurs les deux gavroches qui, au Vésuve, ont interrompu si brutalement notre poétique admiration. Devant le grand et beau bassin de marbre qui est au milieu du Vestibule rond, ces aimables jeunes gens se livrent à des réflexions variées sur l'usage des baignoires; nous les prions de se taire.

Nous passons, toujours aussi hâtivement, hélas! devant des richesses artistiques sans nombre, et arrivons dans la cour du Belvédère. C'est là où nous voyons le Laocoon dont une copie existe aux Tuileries et le fameux Apollon *du Belvédère*. J'avoue à ma honte que jusqu'à présent j'ignorais complètement pourquoi cet Apollon était ainsi désigné. En présence de cette belle statue,

Jules demande si c'est un homme ou une femme!!! Ce belge est décidément presque aussi bête que ses compatriotes. — Philippe trouve que la main gauche est celle d'une cuisinière. Je lui dis que ce n'est pas étonnant puisque cette main a été *mal restaurée ;* mon brave compagnon me jette un regard indigné, je promets de ne plus recommencer. — Nous traversons la salle des animaux, la salle des bustes et une foule de galeries toutes pleines de statues admirables. Nous remarquons entre autres celle de Tibère, qui a été payée 65,000 francs par le Pape..... (le guide ne se rappelle pas le nom).

Dans les galeries qui avoisinent la bibliothèque, nous remarquons un superbe Christ en malachite, présent du tzar Nicolas, le baptistère qui a servi pour Napoléon IV! Nous voyons également le plan primitif de la place Saint-Pierre, tel que l'avait conçu Michel-Ange. Il est à mon avis, qui est celui de beaucoup de monde, bien préférable à ce qui a été exécuté, quelque remarquable que soit la place qui existe. Dans une vitrine, on nous montre les anneaux des premiers papes. Quels anneaux, et quels doigts avaient donc les premiers prédécesseurs de Léon XIII pour supporter d'aussi massifs bijoux!!! Nous nous arrêtons un moment pour jeter des fenêtres un coup d'œil sur les jardins du Vatican. Un instant on nous fait espérer que nous pourrons apercevoir le Saint-Père, mais notre espoir est déçu !

Nous continuons à passer devant toutes les richesses accumulées dans ces galeries. M. L... reste en admiration devant des ornements sacerdotaux qu'il voudrait bien avoir pour sa chère église de la Sainte-Trinité de Fécamp, n'est-ce pas, cher Monsieur?

Presque toutes ces richesses sont des cadeaux offerts aux papes précédents, principalement à Pie IX, par les souverains. Un missel, offert par François-Joseph, l'empereur d'Autriche, est tout à fait remarquable de luxe et d'ornementation ; mais comme missel, il n'est pas d'un usage pratique, il faut un énorme pupitre pour le maintenir.

Le cadeau des dames de Tournai (Belgique) est d'une simplicité de bon goût : ces dames ne se sont pas ruinées pour offrir une sorte de bénitier, qui, chez Bouasse-Lebel, vaudrait bien 200 francs.

Tout au bout de ces galeries, dans un cabinet renfermant toutes les adresses envoyées à Pie IX pendant son pontificat, se trouve un admirable portrait de ce pontife, sur vitrail. Pie IX est représenté en costume pontifical, assis sur son trône, tiare en tête. Ce vitrail est admirable.

Au-dessus est une galerie, appelée galerie géographique, malheureusement on ne peut la visiter.

Nous terminons notre visite au Vatican par les remises où se trouvent les voitures du Saint-Père, voitures qui ne servent plus depuis 1870. — La voiture de grand gala était vraiment splendide. Une sorte de trône était dans le fond que le Pape occupait seul, ayant en face de lui deux cardinaux. Les autres carrosses ne présentent rien de particulier.

Nous quittons à regret ces admirables musées où l'individu le moins artiste trouverait facilement une semaine à employer, et où nous n'avons pu passer que deux heures, et nous allons visiter la BASILIQUE DE SAINT-PIERRE.

Nous restons quelques instants sous le beau portique dont nous admirons la majestueuse grandeur (il a 142 mètres 60 de long et 15 mètres 26 de large). Nous pénétrons dans la Basilique et nous sommes littéralement stupéfaits de la magnificence, de la grandeur de ce chef-d'œuvre de l'art chrétien. Comment dépeindre ce splendide monument, qui est un si bel hommage rendu au culte catholique !!

Lamartine a fait, dans *Graziella*, une description qui rend bien le sentiment que ce grand poète a éprouvé à la vue de cette admirable chose. Mais moi, qui n'ai pas la plume de Lamartine, je me déclare impuissant à rendre mes impressions : j'ai été écrasé d'admiration !!!

La Basilique de Saint-Pierre a 186 mètres 98 de long et la nef transversale a 135 mètres 47 de large ; la hauteur de la nef du milieu est de 45 mètres 47, et la hauteur totale de la coupole est de 138 mètres 38. — Tout est immense et rien n'est énorme. — Les deux anges en marbre qui soutiennent les bénitiers paraissent, vus de la porte, c'est-à-dire à une distance de 20 mètres environ, d'une grandeur ordinaire, et lorsqu'on s'approche, on s'aperçoit qu'ils ont 6 pieds. — Nous voyons la belle statue en bronze de saint Pierre.

Le fameux maître-autel, sous son baldaquin de bronze doré, est d'un effet majestueux, c'est là que le pape officiait aux principales grandes fêtes. Aujourd'hui, les offices se célèbrent à un petit autel qui est placé immédiatement devant celui-ci. Nous passons, rapidement comme toujours, devant la tribune et la chaire de saint Pierre. Notre guide nous fait remarquer, à droite de la chapelle du Saint-Sacrement, la partie de la Basilique où s'est tenu le Concile de 1869, qui a proclamé le dogme de l'infaillibilité du Pape.

Tout autour de la Basilique on admire les tombeaux de divers papes, ceux de Jacques III, roi d'Angleterre, de Clem. Sobieski Stuart, sa veuve et de leurs deux fils, par Canova, tous monuments artistiques de la plus haute valeur. — Je renvoie aux divers guides pour la nomenclature de ces monuments ; je ne puis que résumer mes impressions en répétant que tout est sublime.

Je mentionnerai pourtant d'une façon spéciale le *tombeau de Clément XIII*, par Canova. Nous sommes restés en admiration devant les deux lions en marbre qui le décorent. Le lion endormi surtout est d'une vérité et d'une beauté remarquables. C'est devant ce tombeau que nous avons fait la rencontre d'un moine qui venait *à pied* de Cologne pour voir le Saint Père. Il nous apprend qu'il a obtenu une audience pour le mardi de Pâques. Pauvre homme! dans quel état de misère et de délabrement il est arrivé à Rome!! — Nous regardons encore avec le plus grand intérêt les superbes tableaux en mosaïques, reproduction de peintures célèbres, dont nous avons vu des originaux à Florence ou au musée du Vatican.

Nous ne pouvons nous arracher de Saint-Pierre, où nous découvrons à chaque instant de nouvelles merveilles. Mais le temps, toujours le temps qui nous pousse. Philippe et moi nous promettons bien de revenir avant notre départ. Quelle profonde impression nous rapportons de cette visite!!!

Nous nous rendons ensuite sur le mont *Janiculus*. C'est là que saint Pierre a été crucifié et saint Paul décapité. Nous avons de l'esplanade une admirable vue de Rome. La petite église de *Saint-Pierre au Mont* qui se trouve là a été fortement endommagée en 1849, lors du siège. Elle a été réparée depuis. On voit encore un boulet incrusté dans le mur du cloître contigu à l'église.

Un moine franciscain nous offre du sable provenant de l'endroit où saint Pierre a été crucifié. A ma honte, j'avoue que je crois peu à l'authenticité du susdit sable : je n'y crois plus du tout lorsque j'apprends que le moine n'est pas un religieux, mais un simple laïque, qui revêt l'habit monastique en arrivant à l'église qu'il fait visiter aux touristes. Au-dessus de l'église, se trouve la *fontaine Pauline*, qui est bien belle. — La légende rapporte que lorsque saint Paul fut décapité, sa tête rebondit à trois reprises, et qu'à chaque fois une fontaine jaillit.??? Quoi qu'il en soit, le monument est admirable.

Du mont Janiculus, nous nous dirigeons vers le palais Farnèse, qui est bien sale extérieurement. C'est là que réside l'ambassadeur de France près le roi d'Italie, quand il y a un ambassadeur, car pour le moment les ambassades respectives des deux pays sont veuves de leurs titulaires.

Nous passons devant le palais de la Chancellerie, sur la *place Navona*, et nous arrivons à *Saint-Louis des Français.*

Par elle-même, cette église n'a rien de remarquable. Mais pour nous Français, c'est un lieu de pèlerinage. Nous trouvons là un monument élevé à la mémoire de nos soldats tués pendant le siège de Rome en 1849. Les noms de tous nos compatriotes morts à Rome, militaires, artistes, sont inscrits sur des pierres commémoratives. Cette église est la propriété de la France, et nous sommes là *chez nous.* A ce titre, il est impossible à un français, quelles que soient ses convictions religieuses, de ne pas se rendre à un endroit qui est, à l'étranger, une émanation de la patrie.

Nous arrêtons là pour aujourd'hui la visite des monuments, et nous allons nous reposer l'esprit sur la promenade de Monte-Pincio, où nous arrivons par le Corso et la place du Peuple. Nous entendons deux ou trois morceaux joués médiocrement par la musique de la garde urbaine. — Je me demande pourquoi le chef de musique ne croit pas utile de battre la mesure. Il suit avec le doigt sur le cahier placé sur son pupitre, mais là se borne sa direction. C'est sans doute à cela qu'il faut attribuer l'exécution tout à fait imparfaite de ses instrumentistes.

Nous rentrons à l'hôtel par la *place d'Espagne,* une des belles places de Rome. C'est là où nous rencontrons pour la première fois le roi Humbert, qui est en victoria découverte, en compagnie d'un aide de camp. Le roi porte plus que son âge. Il n'a que trente-huit ans et a déjà les cheveux tout grisonnants. Du reste, il ne me paraît pas avoir à Rome plus d'agrément qu'il ne faut. Il envoie à droite et à gauche des saluts, qui, sauf par les officiers, ne lui sont pas rendus. C'est même la première fois que nous voyons des officiers italiens saluer. Nous avions déjà remarqué que ces messieurs ne rendent pas aux soldats le salut qu'ils en reçoivent.

Le soir, après dîner, alléchés par une affiche annonçant l'illumination du Colisée, nous nous rendons, Philippe et moi, au Forum pour jouir de ce spectacle qui était annoncé pour huit heures et demie. M. et madame L..., mieux avisés que nous, préférèrent rester tranquilles chez eux. Et bien leur en prit. A dix heures nous n'avions encore rien vu que trois ou quatre feux de bengale. — Agacés par une heure et demie de pose inutile, nous rentrâmes à l'hôtel en pestant contre cette duperie. Heureusement que nous n'avions pas donné 2 francs pour pénétrer dans l'intérieur du Colisée. Les aurions-nous assez regrettés, grand Dieu!

Rentré dans ma chambre, je revois encore Saint-Pierre par la pensée et je m'endors sur l'impression que m'a laissée cette merveille du culte catholique.

# ROME

(Troisième journée, dimanche de Pâques, 9 avril.)

Désireux d'assister à la grand'messe à Saint-Pierre, et prévenus qu'il faut arriver de bonne heure, Philippe et moi nous nous rendons à neuf heures à la basilique. La grand'messe ne doit commencer qu'à dix heures et demie, mais nous sommes loin d'être les premiers arrivés, et de toutes parts nous voyons affluer la foule des fidèles... ou des curieux.

La basilique est dépourvue de chaises, aussi ceux qui désirent s'asseoir ou apportent leur pliant ou en louent à la porte de l'église. Cette industrie de loueur de sièges ne doit pas laisser, les jours de grandes fêtes surtout, que d'être très productive.

Sous le portique, nous rencontrons l'abbé D..., qui vient d'assister à la messe célébrée par le Saint Père, dans la chapelle Sixtine, messe où Léon XIII a donné la communion aux gardes nobles et aux évêques présents à Rome. Je regrette vivement de n'avoir pu être parmi les invités, mais en dehors du corps diplomatique et des familles des personnes attachées au Saint Père, il n'y a eu que 60 admissions. Franchement je ne pouvais prétendre à faire partie de ce petit nombre d'élus.

L'abbé D... va dire sa messe sur le tombeau de saint Pierre, et il nous invite, Philippe et moi, à y assister. Philippe n'est pas très dévot, il s'en faut même de beaucoup, mais il accepte sans broncher.

La chapelle du tombeau se trouve sous le maître-autel. La partie que l'on voit de la basilique est entourée de 142 lampes toujours allumées, et ornée d'une splendide statue de Pie VI, qui est enterré là, par Canova.

L'abbé D..., Philippe et moi descendons l'escalier de marbre, sombre et étroit, où, par parenthèse, nous risquons vingt fois de nous casser le cou. Une brave dame veut descendre avec nous malgré la défense du sacristain préposé à la garde de la chapelle, qui finit par menacer l'importune d'*excommunication* (sic) si elle persiste à enfreindre sa défense. Cette menace produit son effet, et la bonne dame remonte effrayée.

Arrivés dans la petite chapelle, nous trouvons l'autel occupé par un prêtre ordonné de la veille et qui achève sa première messe, à laquelle assiste sa famille. La messe en est au *Sanctus*, mais ce nouveau prêtre met vingt-cinq minutes, montre en main, pour achever. Les actions de grâces lui prennent encore un bon quart d'heure. Ils ne sont pas vifs les Italiens.

Enfin, l'abbé D... peut revêtir les habits sacerdotaux, quittés par son prédécesseur à l'autel. Le jeune prêtre est parti avec sa famille ; nous restons donc, Philippe et moi, seuls avec l'abbé, et le clerc servant. Et cette messe, célébrée par un prêtre pour lequel j'ai une si grande affection, dans un pareil lieu où le recueillement était facile, je dirai même naturel, m'a vivement impressionné.
— Ce profane de Philippe lui-même m'a avoué que *cela lui avait fait quelque chose*.

L'abbé D... n'imite pas la lenteur de son confrère italien. En vingt minutes il a dit sa messe, en cinq minutes ses actions de grâces, et nous remontons en prenant toutes les précautions possibles, l'escalier étant tout aussi dangereux à la montée qu'à la descente.

La grand'messe commence comme nous arrivons dans la Basilique. Nous nous faufilons dans la foule qui est énorme. — A combien évaluer le nombre des assistants qui se pressent dans la nef? 20,000, 30,000 peut-être ?? Nous arrivons à nous placer tout près de l'autel en face de la tribune où se tient la maîtrise. Le cardinal vicaire officie. Le chœur est rempli d'évêques, de chanoines. — Ce sont les chantres de la chapelle sixtine qui viennent à Saint-Pierre chanter la grand'messe de Pâques. Quelles voix superbes!! Et ce que l'on ne peut entendre qu'à Rome, des voix de soprano, de mezzo-soprano et de contralto!!!

Par exemple je dois reconnaître que si c'est beau, splendide même, cela n'est pas imposant et n'invite nullement au recueillement. Il y a trop de monde, et franchement on assiste plutôt à un concert qu'à une messe. Cela est tellement vrai, qu'autour de nous personne n'a entendu la sonnette pour l'Élévation. L'*O salutaris* a succédé sans interruption au *Sanctus*, et les chants détournaient tout à fait l'attention de l'office divin. — En mon âme et conscience, si je n'avais pas assisté à la messe de l'abbé D..., je ne pourrais considérer ma présence à la grand'messe de Saint-Pierre comme l'accomplissement de mes devoirs religieux. — Philippe, lui, n'a pas les mêmes scrupules que moi, et il compte à son actif *deux messes et demie* en déduction de celles, beaucoup plus nombreuses, qu'il a manquées.

Tout près de nous est un moine de haute taille, à la tête et à la tournure superbes. Une véritable statue!!! Et quelle expression de physionomie! Les premiers archevêques qui quittaient au besoin la crosse pour prendre l'épée, devaient avoir de semblables figures. Un peintre aurait certainement pris la tête de ce moine s'il avait eu à représenter un archevêque Turpin quelconque.

En sortant de Saint-Pierre, je me rends au Vatican pour m'informer de la réponse faite à une lettre de recommandation qui m'a été donnée à Paris pour monseigneur Macchi, le maître de chambre de Sa Sainteté. J'apprends là, par un des secrétaires de Monseigneur, que la réponse se promène depuis deux ou trois jours dans la poche d'un dragon pontifical. Mais j'obtiens une invitation pour la messe que le Saint-Père doit célébrer le lendemain, lundi de Pâques, dans sa chapelle privée. — Je suis au comble de mes vœux.

(Le Saint-Père a donné une audience générale le mardi de Pâques, après notre départ de Rome. D'après des renseignements que j'ai recueillis dans diverses conversations, Sa Sainteté évite toujours de faire coïncider ses audiences avec le séjour d'un train de plaisir analogue au nôtre. Le pape ne veut pas, avec raison, être visité comme *curiosité*.)

L'agence nous laisse toute liberté le dimanche de Pâques. Je rentre trop tard pour penser à faire une excursion à Tivoli, et puis je ne suis pas fâché de me reposer un peu. Je vais faire une visite à l'aimable M. T... avec lequel je passe quelques instants très agréables, tellement sa conversation est attrayante et instructive, et je vais à *Saint-Laurent hors les murs*, mais j'arrive un peu trop tard, et ne puis que jeter un coup d'œil sur le tombeau simple mais magnifique de Pie IX.

Je vais rejoindre sur le *monte Pincio* mon ami Philippe, auquel j'ai donné rendez-vous. Une grande partie de l'agence est venue entendre la musique. C'est le 37e régiment qui donne le concert, et son orchestre ne me paraît guère meilleur que celui de la garde urbaine. Le chef ne bat pas plus la mesure que son collègue. (Est-ce la mode en Italie?) Les malheureux ont écorché l'ouverture de *Zampa* d'une façon pitoyable. Ils ont mieux exécuté une fantaisie sur *Don Juan*. Mais une fantaisie sur l'*Africaine* nous fait fuir. Je croyais les Italiens meilleurs musiciens.

Nous rencontrons le Roi et la Reine. Elle est bien jolie la reine Marguerite, et très aimée, paraît-il. On ne salue pas beaucoup plus qu'hier, malgré la présence de la Souveraine.

Le soir après le dîner, je reçois enfin la fameuse lettre du Vatican, que j'attendais avec tant d'impatience. Le dragon (qui marque assez mal en costume bourgeois) me dit qu'il a l'habitude de ne remettre qu'en mains propres les lettres dont il est chargé. Le guide m'explique ce que cela veut dire, et un billet de *une lira* sert de reçu au messager.

M. et madame L... désirant vivement assister à la messe pontificale, je les décide à se risquer le lendemain, et je les engage à m'accompagner.

Après un tour sur le Corso, tour fait pour le principe, je rentre à l'hôtel, en me faisant une fête de ma matinée du lendemain.

# ROME

(Quatrième journée, 10 avril.)

Le matin, dès six heures, je suis debout en grande tenue. Je trouve à la porte de l'hôtel M. et madame L... en tenue officielle eux aussi, et nous nous dirigeons à pied vers la place Saint-Pierre en causant aussi amicalement que si nous nous connaissions depuis quinze ans.

Arrivés au Vatican, nous montons l'escalier qui conduit aux appartements particuliers. A la porte du salon qui précède la chapelle, nous trouvons un huissier, auquel je remets ma lettre. Je lui dis que M. et madame L. m'accompagnent, et nous passons sans difficulté. Je laisse à penser si mes compagnons étaient heureux, et moi enchanté d'avoir pu leur rendre ce léger service.

La chapelle privée est très simple : elle est tendue de tapisseries qui ne m'ont paru avoir rien de remarquable. Elle peut contenir environ 500 personnes ; nous sommes de 100 à 150 assistants. — On entendrait voler une mouche. Nous sommes impressionnés à l'idée de voir le Saint-Père.

A sept heures et demie un prêtre frappe dans ses mains. Nous nous agenouillons, et Léon XIII paraît, précédé de trois gardes nobles, de quelques prêtres et évêques et de quelques enfants de chœur. Le Saint-Père nous donne l'eau bénite, et dit aussitôt ses prières. Puis on le revêt de ses ornements sacerdotaux et la messe commence.

L'émotion qui m'avait saisi dès l'entrée de Sa Sainteté

ne fait que grandir, et je ne suis pas le seul à être ému. Quoi qu'on en dise, quelles que soient les circonstances actuelles, c'est encore quelqu'un que le Pape, et la présence du chef de la catholicité nous en imposait. C'est plus qu'un Roi, puisque c'est sur terre le représentant de Jésus-Christ, et il est impossible, pour celui qui a quelque croyance, de ne pas être remué jusqu'au fond de l'âme en assistant à une messe célébrée par le successeur de saint Pierre.

Et pourtant, rien de plus simple que cette messe. Aucun apparat, sauf les gardes-nobles aux deux côtés de l'autel. Une messe basse sans le moindre chant ni accompagnement. Mais cette simplicité ajoute encore à la grandeur de l'office, et invite au recueillement le plus complet.

Le Saint-Père semble maladif et bien fatigué. Il a soixante-douze ans, mais paraît davantage. Ses portraits lui ressemblent, mais sa figure est plus sévère que ne le portent ses photographies. Il parle lentement, et on ne perd pas un mot de sa messe.

Aussitôt le dernier Évangile récité, le Saint-Père s'agenouille au bas de l'autel, et dit ses actions de grâces, suivies des litanies à la Vierge, auxquelles les assistants répondent ; puis on lui ôte les ornements sacerdotaux et Sa Sainteté s'installe sur un prie-Dieu, à la gauche de l'autel. Une autre messe est alors célébrée à laquelle le Pape assiste, restant constamment agenouillé. A l'élévation, je remarque que le Saint-Père quitte son prie-Dieu et s'agenouille sur le parquet.

Après cette seconde messe, Sa Sainteté monta à l'autel et, se tournant vers nous, nous donna sa bénédiction pontificale. Puis il ajouta, en excellent français, parlé presque sans accent, que cette bénédiction s'appliquait à nos familles. — Ensuite le Saint-Père nous invita à unir dans nos cœurs ceux de nos amis que nous désirions faire participer à sa bénédiction, qu'il nous donna de nouveau, en bénissant aussi les objets religieux dont nous étions porteurs. Puis il quitta la chapelle, nous laissant tous profondément impressionnés. Pour mon compte, je réponds bien que jamais cette messe ne s'effacera de ma mémoire.

C'est dans la chapelle que je fis la rencontre du docteur A... Depuis un an, nous faisions l'un chez l'autre des chassés-croisés, sans jamais nous rencontrer, et il faut que nous nous retrouvions à Rome!!!

Nous rentrons à l'hôtel juste à temps pour éviter un orage formidable qui vient d'éclater. C'est la première fois qu'il pleut depuis notre arrivée en Italie, mais il pleut bien. Heureusement, pendant le déjeuner le ciel s'éclaircit et le temps est tout à fait beau quand nous montons en voiture pour faire notre dernière tournée dans Rome.

Nous passons devant le *Forum de Trajan*, où se trouve la colonne qui a servi de modèle à Napoléon 1er pour la colonne Vendôme, le *Forum d'Auguste* et de *Nerva* et nous arrivons à *Saint-Pierre aux Liens*.

Cette église ressemble en petit, en bien petit, à la basilique Saint-Pierre. On y conserve les chaînes qui ont attaché le successeur de Jésus-Christ quand il a été captif à Jérusalem et à Rome. C'est du reste ce qui explique le nom de l'église. J'ai rapporté un fac-similé en fer de ces chaînes.

Nous remarquons le célèbre *Moïse* de Michel-Ange qui est de toute beauté, mais trop grand pour Saint-Pierre aux Liens. Notre guide nous explique que ce chef-d'œuvre était primitivement destiné à être placé sur le tombeau de Jules II dans la basilique de Saint-Pierre.

Nous allons ensuite sur la place *Saint-Jean de Latran*. On voit encore la trace des boulets envoyés par les Italiens le 20 septembre 1870 pendant le peu de temps qu'ils ont bombardé Rome. Nous avons là un panorama de Rome ancienne. Nous apercevons l'illustre voie Appienne, de peu amusante mémoire.

Nous visitons tout d'abord la chapelle de la *Scala-Santa*, où se trouve un monument élevé à la mémoire de Pie IX. Quelques dames et deux messieurs gravissent à genoux les vingt-huit marches de cet escalier. — A la porte se trouve un sacristain qui vend des photographies. Mon Dieu, qu'il est sale!!! Tous ou presque tous, nous lui achetons. Le bénéfice qu'il retirera de notre visite lui permettra peut-être de se rapproprier, mais je ne comprends pas comment on peut supporter un individu aussi malpropre dans un endroit pareil!!

Avant d'entrer dans Saint-Jean de Latran nous admirons la façade qui est tout à fait grandiose avec les belles statues qui la surmontent. Saint-Jean de Latran est le siège de l'évêché de Rome. C'est là que se font les offices épiscopaux, comme l'ordination ; avant 1870 le Saint-Père y donnait la bénédiction le jour de l'Assomption. Les souverains de France sont chanoines honoraires de la basilique, parce que la France est la fille aînée de l'Église. Hélas! elle est en froid avec sa mère pour le moment, la fille aînée de l'Église!!! — Je demande si ce sont seulement les souverains, qui sont chanoines, ou si ce titre est étendu à tout chef du pouvoir exécutif, quel qu'il soit. Il paraît que c'est cette dernière hypothèse qui est la vraie. De sorte que M. Grévy est chanoine honoraire de Saint-Jean de Latran et qu'il peut arriver que M. Gambetta le soit un jour. Étrange!!

L'intérieur de l'église est admirable. On remarque les douze statues des apôtres dans douze niches. Dans la sacristie une *Vierge* de Raphaël et l'*Annonciation*, dessinée par Michel-Ange. Nous descendons dans la chapelle Corsini, où se trouve la belle statue de Bernin, La Piéta.

Malheureusement, malgré la lampe placée au-dessus de cette statue, il fait un peu sombre dans cette chapelle et nous ne pouvons l'admirer comme elle mérite de l'être. Nous nous arrêtons aussi devant le très remarquable tombeau de Clément XII.

Nous pénétrons dans un cloître du treizième ou quatorzième siècle, attenant à la basilique, qui renferme des choses intéressantes, parmi lesquelles nous remarquons le *Puits de la Samaritaine*, que sainte Hélène a transporté à Rome : les colonnes du palais de Pilate, la pierre sur laquelle les soldats ont joué les vêtements de Jésus-Christ auprès de la croix. Tout à fait derrière l'église se trouve une statue en bronze de Henri IV en empereur romain. C'est la première fois que je vois le Vert-Galant représenté ainsi, et je ne me doutais pas qu'il pût exister un portrait quelconque de lui dans ce costume.

Nous continuons par la visite du Baptistère de Constantin. Nous ne remarquons que les portes de bronze qui rendent, en s'ouvrant, un son musical. L'entrée de deux chapelles est interdite aux dames, je suis encore à me demander pourquoi. Je n'ai rien vu du tout qui peut justifier cette exclusion, mais il paraît que c'est la règle. Il n'y a donc qu'à s'incliner.

Nous nous rendons ensuite à la basilique de *Sainte-Marie-Majeure*. Nous traversons des quartiers neufs, mais non encore habités. Les rues sont plus larges que celles de l'intérieur, mais cela me paraît devoir manquer complètement de gaieté et d'animation.

Sainte-Marie-Majeure est sous la protection des rois d'Espagne. L'extérieur a un peu l'aspect d'un théâtre, mais l'intérieur est splendide : cette basilique nous rappelle Saint-Paul, comme ensemble.

C'est de la *loggia* de cette basilique que le Saint-Père donnait la bénédiction le jour de l'Ascension. Mais, comme les autres cérémonies, celle-ci est supprimée depuis 1870.

— On croyait que Pie IX serait enterré à Sainte-Marie-Majeure, mais son testament indiquait expressément Saint-Laurent hors les murs comme lieu de son tombeau, et c'est en effet là qu'il repose. Le monument qui se trouve devant l'autel papal est donc vide.

Outre les mosaïques, qui sont superbes, nous remarquons, parmi toutes les beautés réunies dans la basilique, l'autel papal, la chapelle de la famille Borghèse qui est d'une richesse extraordinaire, la chapelle du Saint-Sacrement où se trouvent les tombeaux de Sixte V et de Pie V. — Au milieu de cette chapelle est un tabernacle soutenu par quatre anges, le tout en or massif, mais tellement bien exécuté que ce morceau semble très léger. Notre guide nous fait remarquer la Vierge peinte par saint Luc : je me déclare incompétent pour apprécier le mérite de cette peinture.

Nous trouvons, en sortant, la colonne de l'abjuration de Henri IV. Bien ordinaire cette colonne, qui provoque les réflexions de Jules, lequel ne comprend pas que Henri IV ait embrassé le catholicisme. Et notez que ce belge est catholique !!! Nous étonnons toute la colonie en leur faisant observer (ce qu'ils paraissent ignorer) que Henri IV est l'aïeul du roi Léopold II. Décidément ces Flamands ne sont pas malins.

Nous passons devant la fontaine de Moïse, qui n'offre rien de remarquable, et, par la rue du Prince-Humbert et la gare du chemin de fer, nous gagnons les Thermes de Dioclétien. — Les murs de Servius Tullius arrêtent un instant notre attention. Quels murs !!!

Notre guide sonne en vain à la porte de l'église *Sainte-Marie-des-Anges*. Au bout d'un quart d'heure d'infructueux appels, nous sommes obligés de renoncer à visiter cette église, ce qui nous contrarie vivement (j'excepte de cette contrariété les Belges, enchantés au contraire de la circonstance). Il paraît que le gardien fait la sieste, et une sieste prolongée, car il est plus de deux heures et l'église devrait être ouverte.

Nous allons visiter le *cimetière des Capucins*, très original avec la disposition artistique des ossements. Il est impossible de donner une idée de ce cimetière autrement que par un dessin. Bien entendu, on n'enterre plus dans ce couvent depuis 1870. — L'église attenant au couvent n'a rien de particulier.

La caravane se rend à l'Académie de France. J'abandonne mes compagnons et visite la *villa Médicis*, en compagnie d'un architecte auquel un de mes amis a bien voulu m'adresser. Je retrouve là un jeune peintre de grand avenir, que j'ai connu chez le docteur L..., et qui me fait le meilleur accueil. Ces messieurs me promènent dans les jardins qui sont superbes. Et quelle vue!!! Je suis obligé de quitter trop vite ces aimables cicerone. Il faut absolument que je rejoigne mon agence, que je sais devoir retrouver à la *fontaine de Trevi*. — Peu familier avec les rues de Rome, je risque de m'égarer et fais trois fois plus de chemin qu'il ne faut. — J'arrive enfin au lieu du rendez-vous. La fontaine de Trevi est bien belle, mais il me semble qu'elle ferait un bien plus bel effet sur une grande place. Elle paraît tout à fait écrasée là où elle est placée.

Mes compagnons ont eu l'obligeance de m'attendre, et nous rentrons ensemble à l'hôtel, un peu fatigués de tout ce que nous avons vu. Comme à Florence, nous éprouvons l'impression d'une orgie de chefs-d'œuvre.

J'avais été informé que monseigneur Macchi me recevrait au Vatican à quatre heures. Je m'y rends immédiatement et ne fais qu'apercevoir Monseigneur, obligé de sortir inopinément. Un de ses secrétaires, qui a été pour moi d'une amabilité et d'une obligeance extrêmes, m'offre de visiter les jardins du Vatican, offre que j'accepte avec empressement. L'abbé me remet alors à un gendarme pontifical et nous entrons dans le jardin. Nous n'y étions pas depuis cinq minutes que le gendarme me dit : Oh ! *Il santo Padre!* et disparaît comme dans une trappe ; je regarde et vois le Saint-Père, accompagné de deux prêtres, qui se dirigeait droit vers moi. Je n'avais qu'une chose à faire, ne pas bouger. Je mis genou en terre. Sa Sainteté daigna s'arrêter et me demanda si j'étais français, si j'avais de la famille, et, sur ma réponse affirmative, me donna sa bénédiction pour les miens et moi.

J'ai éprouvé à ce moment une émotion dont je me souviendrai toute ma vie. Je n'y voyais plus, ma gorge était sèche et serrée. Je me demande comment j'ai pu répondre au Saint-Père que j'avais deux enfants. Il me serait impossible, encore à l'heure qu'il est, de dire comment Sa Sainteté était accompagnée, comment elle était vêtue. — Je n'ai rien vu. — J'étais anéanti. — Jamais je n'aurais cru que la vue du vicaire de Jésus-Christ me causerait une impression semblable!!! Quelle puissance possède le Pape pour vous écraser ainsi de sa dignité, même quand il daigne rapprocher l'immense distance qui le sépare des autres hommes ! — Mais si je n'ai rien vu, j'ai encore, et je crois bien que j'aurai toujours dans l'oreille, le son de la voix du pontife me disant : « Recevez pour eux et vous ma bénédiction apostolique. »

Un prêtre romain, avec lequel j'avais occasion de causer le soir, me disait que Léon XIII s'arrêtait toujours ainsi quand on se trouvait sur son chemin ; mais il faut s'y trouver, et combien je bénis la circonstance qui m'a permis de jouir d'une pareille faveur.

Je ne reste pas un instant de plus au Vatican. Je me dirige vers l'hôtel ; mais en passant devant le Fort-Saint-Ange, j'entends une musique. C'est la garde montante qui se rend au Quirinal, je lui emboîte le pas et l'accompagne à la résidence royale que je n'ai pas encore vue.

En attendant que la garde descendante soit prête à quitter le palais, je le regarde et ne lui trouve rien de bien beau. Il me paraît même triste au possible.

Les bersaglieri sortent du château précédés de leur fanfare. Je me mets à leur suite, ne sachant pas encore résister au charme de la trompette, même à l'étranger. Mais marchent-ils vite !!! Encore plus vite, je crois, que nos chasseurs de Vincennes qui, pourtant, ont un pas rudement accéléré. J'ignore à quelle distance se trouve leur caserne. Toujours est-il que, lorsqu'ils s'arrêtent, je ne sais plus du tout où je suis. — Et pas l'ombre d'un omnibus ou d'un tramway. — Enfin au bout d'une demi-heure de tours et de détours, je me trouve devant le Panthéon : je suis sauvé. Je rentre à l'hôtel brisé de fatigue.

Après dîner nous ne faisons qu'une courte promenade, devant partir le lendemain matin à 6 heures.

Faut-il l'avouer? Ne pouvant rester, comme il le faudrait pour tout voir et bien voir, deux ou trois mois à Rome, je le quitte sans regret au bout de quatre jours. Sous la réserve des richesses artistiques entassées, des monuments splendides, la ville est sale et mortellement ennuyeuse. Rome ne vit que par le pape, et par la religion. Du jour où le pape l'aura quittée, la ville aura l'animation de Versailles depuis que les Chambres n'y siègent plus. J'ai eu la satisfaction de voir mon opinion partagée par beaucoup de voyageurs.

# DE ROME A PISE ET TURIN

### (11 avril.)

Nous quittons Rome à 6 heures et demie. Nous avons l'heureuse chance de tomber sur un très confortable wagon, dans lequel nous ne sommes que cinq. Mais comme compensation, nous avons comme compagnons les deux jeunes gens du Vésuve, qui, je ne sais pourquoi, se trouvent toujours dans nos jambes depuis ce moment.

Je dois à la vérité de déclarer qu'ils se sont bien tenus et ne nous ont aucunement gênés. Mais quelle variété d'expressions... choisies, et mal choisies. On peut dire qu'ils protestent contre la pauvreté de la langue française ; toutes les finesses de l'argot leur sont familières. L'un d'eux chante, et a même une assez jolie voix, mais son répertoire se compose à peu près exclusivement de romances sentimentales, qui ont le plus grand succès dans les cafés-concerts des faubourgs et des boulevards extérieurs.

Nous apercevons la basilique de Saint-Paul hors les murs, que nous saluons d'un beau souvenir. — La campagne romaine nous paraît absolument monotone. La seule chose que nous remarquons, c'est l'allure guerrière des bergers qui conduisent leurs troupeaux à cheval et le fusil en bandoulière. Pourquoi cet attirail ?

Nous côtoyons la mer depuis *Polo* et nous arrivons à *Civita-Vecchia*. Nous retrouvons là mademoiselle M... qui a rejoint à Rome ses compagnons ordinaires. — Après les premières salutations, je reçois de mademoiselle M... des reproches amers pour ne pas l'avoir prévenue de la messe pontificale, à laquelle elle avait le vif désir d'assister. M. et madame L... n'ont pas peu contribué à lui donner de vifs regrets. Je n'ai pas de peine à démontrer à notre aimable compagne de voyage que le temps matériel m'a manqué pour la chercher dans toute la ville de Rome, et l'incident n'a pas de suite.

A *Orbetello*, une heure d'arrêt pour déjeuner. Le buffet tout entier a été retenu par l'agence Lubin, ce qui excite les protestations des voyageurs libres et des Anglais. Mais je me demande comment les autres voyageurs auraient pu trouver place. Nous étions, *les* 88 *Lubin*, serrés comme des harengs. — Le déjeuner est au-dessous du médiocre. Les mets sont copieux, trop copieux même, mais préparés je ne sais comment. Il y a surtout un certain poulet à l'huile et au safran dont je me souviendrai longtemps. — Nous nous dépêchons pour laisser de la place aux malheureux qui attendent que nous ayons fini pour déjeuner eux-mêmes.

La route se continue sans incidents. Nous apercevons l'île d'Elbe très distinctement, en quittant la station de La Cornia. A Livourne, un quart d'heure d'arrêt que je consacre entièrement à mon brave abbé D... que je n'ai pu réussir à faire voyager avec nous. Il arrive toujours au dernier moment et est obligé de prendre place dans le premier compartiment qui se trouve en face de lui. Une fois installé, il est clair qu'il ne désire pas changer. Aussi, pendant les arrêts, Philippe et moi sommes continuellement en visites, tantôt au compartiment de l'abbé, qui du reste s'efforce de nous abréger la route en venant au-devant de nous, tantôt au compartiment de M. et madame L....

Le *célibataire*, dont j'ai parlé en racontant la route de

Florence à Rome, a repris possession de la place qu'il occupait dans ce compartiment. Il m'assure de tout le plaisir qu'il éprouve à me revoir, et me prend pour confident de ses mésaventures. Le malheureux voyageait seul, en dehors de l'agence, et a été exploité en gros et en détail, comme savent exploiter les Italiens. Sa mésaventure aurait suffi à me faire apprécier les avantages d'un voyage en caravane, si je n'avais déjà été fixé.

Ce monsieur a dépensé le double de nous, sans être allé à Naples et n'ayant pas vu, à beaucoup près, tout ce que nous avons vu. C'est une leçon.

Nous arrivons à Pise à 4 heures. Comme à Gênes, nos bagages restent dans les wagons. — Nous montons en voiture et nous rendons sur la place du Dôme. La ville ne paraît pas gaie, ni animée, mais les quais sont d'une propreté remarquable et les maisons sont bien bâties.

Nous visitons d'une façon singulière la cathédrale. Tous les voyageurs du train se rencontrent à la fois au même endroit. Les guides s'embrouillent à qui mieux mieux. Philippe et moi nous nous trouvons un moment avec le guide anglais, que nous fuyons aussitôt. — Pendant notre visite, une procession, très peu imposante du reste, se fait dans l'église. Enfin, on finit par se reconnaître à peu près. Mais la visite est manquée, et j'avoue qu'il me serait impossible de donner la moindre idée de l'intérieur de la cathédrale. Je ne me souviens que d'une chose, c'est que le guide nous explique, en nous montrant une grande lampe de bronze, que ce sont les oscillations de celle-ci qui ont fait découvrir à Galilée le mouvement de la pendule... ?

La cohue recommence au Baptistère. Aussi nous est-il impossible de juger du *curieux*(?) effet d'écho pompeusement annoncé par le guide. Un monsieur essaye bien une gamme ascendante, mais elle ne se répercute pas du tout. — Dans le monument même nous ne voyons rien de remarquable.

Nous traversons rapidement le *Campo-Santo*, toujours aussi mêlés. La vérité me force à reconnaître que je suis passé d'un œil tout à fait indifférent devant les diverses sculptures qui s'y trouvent. Je remarque pourtant un admirable monument en marbre élevé à la mémoire d'il professo Dupré.

A la *Tour penchée*, les rangs s'éclaircissent. Beaucoup de voyageurs reculent devant l'ascension de 247 marches. J'essaye en vain d'entrainer l'abbé D..., qui me répond qu'il voit bien que c'est haut, et que cela lui suffit. Philippe souffre d'un violent mal de reins et n'est pas convaincu que cette gymnastique le guérira. Je ne parle pas de Jules... qui nous bat froid, et qui du reste n'a aucun goût pour les courses autres que celles faites en voiture. Il n'y a que les dames qui tiennent bon. Je monte donc seul de notre cercle ordinaire avec trois dames dont la vaillance fait honte aux paresseux touristes qui reculent devant 247 marches à monter!!

A l'avant-dernière plate-forme, nous sommes obligés de poser pas mal de temps. L'escalier ne permet le passage de front qu'à une seule personne, et il faut attendre que les premiers montés soient descendus pour que nous puissions grimper à notre tour. Mais comme nous sommes récompensés de nos peines! Quelle admirable vue se déroule sous nos yeux! Et quel singulier effet nous produit l'inclinaison de cette tour, quand nous la regardons de la hauteur d'un *huitième étage*. Notre guide nous dit que la tour a 2 mètres et demi de pente. D'un autre côté, Joanne et Bedecker assurent que l'inclinaison à l'extérieur est de 4 mètres 319. Je pencherais (sans jeu de mots) pour l'opinion de ces derniers.

Sur la place, un frère de la Miséricorde revêtu de la cagoule noire, et coiffé d'un énorme chapeau, nous demande l'aumône. Il a dû faire une bonne récolte, car j'ai vu presque tous les voyayeurs lui donner.

Nous dînons, et très bien, à l'hôtel de la Minerve (je vois qu'il y a des hôtels de ce nom dans toutes les villes d'Italie). Il y a concert pendant le dîner : non pas concert comme à Naples, mais des musiciens ambulants nous jouent, et avec un entrain et un ensemble parfaits, de très jolis morceaux.

J'ai la chance de pouvoir posséder avec nous l'abbé D... Tout contribue donc à rendre le dîner très animé. Le menu nous intrigue vivement : il porte comme entremets : « *Boudin au Gabinet* ». Qu'est-ce que cela peut bien être? Au moment opportun nous voyons arriver une sorte de pâtisserie que nous avons enfin découvert être du *Pudding*. Comme entremets, nous aurions été curieux de voir quelle ressource on peut tirer du boudin.

A 8 heures nous montons en wagon, et nous avons tous dormi comme des loirs, et parfaitement à notre aise.

# TURIN — LA SUPERGA

#### (12 et 13 avril.)

Le froid nous réveille, et nous sommes littéralement transis lorsque nous arrivons à Turin vers 7 heures. Il nous a semblé qu'il y avait sur les Alpes beaucoup plus de neige que lorsque nous sommes passés en venant. Ce qu'il y a de certain, c'est que je suis sur le point de demander du feu quand j'arrive à l'hôtel de l'Europe, où je me trouve réuni aux deux maires, mes premiers compagnons de voyage. Mais je suis séparé de Philippe, de monsieur et madame L..... de mademoiselle M.....

On a repeint l'hôtel à neuf depuis notre premier passage et je me félicite de mon défaut d'odorat, car il paraît que toutes les chambres embaument la peinture.

Peu désireux de parcourir les rues de Turin, qui, avec leur régularité monotone, ne me promettent pas une promenade bien attrayante, je tente d'organiser pour notre petit cercle une excursion à la *Superga*. Mais on me demande 45 *francs* pour une voiture, à quatre chevaux il est vrai, et encore paraît-on me faire une grande grâce en acceptant de prendre cinq voyageurs. Devant cette prétention, j'abandonne mon projet, me réservant de chercher un moyen plus pratique d'opérer notre excursion le lendemain.

Je me conforme donc au programme de l'agence, et à 11 heures nous quittons l'hôtel pour aller visiter le

Musée des armes, assez curieux, mais qui nous rappelle tout à fait en petit le musée d'artillerie. Le palais Royal que nous voyons ensuite ne nous intéresse pas beaucoup. Nous avons vu les deux palais de Naples, et celui de Turin nous paraît terne. Une suite de salons, beaux, très beaux si l'on veut, mais en somme ne présentant rien de remarquable. Je dois pourtant noter une observation de notre guide, qui, en nous montrant un tableau représentant le combat de San-Martino, livré par les Italiens aux Autrichiens le 24 juin 1859, donne à entendre que la bataille de Solférino n'a été qu'un épisode de la journée. Et cela dit avec un aplomb.... italien : nous ne risquons même pas une rectification. A quoi bon ?

Du palais Royal, nous entrons dans la Cathédrale : nous ne voyons de particulier que la chapelle qui se trouve derrière le maître-autel et qui contient de très beaux tombeaux en marbre blanc.

Nous arrêtons là la visite des monuments. A la vérité, tout pleins des souvenirs de Naples et de Rome, nous sommes saturés de cathédrales, de palais, de musées, et incapables d'examiner quoi que ce soit avec attention. M. Lubin juge donc inutile de nous promener dans des galeries où nous ne regarderons rien, et nous montons en voiture pour parcourir la ville. Eh bien ! cette promenade nous a réconciliés avec la ville de Turin, qui nous paraissait monotone au possible. Ce n'est pas l'animation de Naples, il s'en faut de beaucoup, mais il y a toujours autant, sinon plus, de mouvement qu'à Rome. Nous sommes passés devant tous les monuments élevés aux célébrités piémontaises ; or, il nous a paru que les Italiens du nord sont prodigues de statues.

Dans la rue du Pô, nous rencontrons un bataillon de chasseurs alpins qui, se voyant l'objet de notre curiosité, relèvent haut la tête et *posent* littéralement devant nous. Leur uniforme, leur coiffure surtout, un feutre pointu surmonté d'une plume de coq, nous rappellent les *chasseurs diligents* » du Freyschutz.

Nous nous arrêtons quelques instants dans le jardin du *Valentino*, qui est très joli, et doit être très fréquenté le dimanche, et nous terminons notre promenade par le *mont des Capucins*. Nous faisons l'ascension à pied, mais qu'est-ce que cela pour des gens qui ont gravi le Vésuve ? Nous montons à un observatoire d'où nous avons une vue splendide. C'est là où nous nous rendons bien compte de la topographie de Turin, qui nous fait l'effet d'un vaste damier.

En rentrant, je m'occupe de notre excursion du lendemain, et, avec d'autres personnes de l'Agence, nous décidons tout simplement de prendre le tramway à vapeur qui nous mènera à la Madonna del Pilone, au pied même de la montagne, que nous gravirons comme nous pourrons. Mais nous sommes tout à fait décidés à ne pas subir les ridicules exigences des loueurs de voitures.

Je rencontre, en passant sur la place Charles-Albert, le cortège funèbre d'une jeune fille, qui me rappelle le cortège que j'ai vu à Florence.

La croix, portée par un clerc, est verte. Les jeunes filles sont vêtues d'une robe verte et couvertes d'un voile blanc ; verte aussi l'étole du prêtre. Seules, les demoiselles qui portent le corps ont une robe noire. Toutes ont à la main un cierge allumé. La jeune morte a le visage découvert, cela est d'un effet étrangement lugubre.

Le soir, après dîner, nous nous réunissons, Philippe et moi, à l'hôtel Fœder où se trouvent monsieur et madame L..... mademoiselle M..... et leurs compagnons de voyage. Nous organisons entre nous une petite soirée musicale et littéraire ; chacun donne de sa personne, et nous nous retirons enchantés de cette petite réunion qui a été très gaie.

Le lendemain matin (13 avril) à 10 heures, nous montons, une vingtaine, dans le tramway à vapeur qui, pour 25 centimes par tête, nous mène à la *Superga*. En bas de la montagne nous trouvons des chevaux et des ânes, et nous n'avons qu'à nous féliciter d'avoir refusé les coûteuses voitures de Turin. L'ascension est bien plus pittoresque comme cela.

J'enfourche un cheval deux fois haut comme moi, et je suis tout stupéfait de la façon dont je me tiens en selle, je ne me savais pas si bon écuyer. Il est vrai de dire que le cheval y met de la bonne volonté, et que nous n'allons guère qu'au pas. Tout au plus de temps en temps un petit trot bien léger. Quant à Philippe, c'est un centaure, et mademoiselle M..... se tient à cheval comme une véritable amazone.

Nous nous amusons beaucoup d'une brave dame, montée sur un âne, qui a cru devoir se munir d'une pelisse en fourrure, et qui sue sang et eau, sans pouvoir se débarrasser de son inopportun manteau (il fait au moins 25 degrés de chaleur). Pour corriger la fourrure, cette dame est armée d'une ombrelle qu'elle a ouverte et qui ne lui donne pas du tout, oh mais pas du tout, l'air d'une écuyère.

Nous arrivons au sommet de la montagne, trop tard pour pouvoir entrer dans l'église qui contient les sépultures des princes de la maison de Savoie, mais nous nous consolons par la vue du splendide panorama qui se déroule sous nos yeux. — Nous voyons toute la chaîne des Alpes aussi loin que la vue peut s'étendre.

Nous buvons là du vin d'Asti excellent, le meilleur certainement que nous ayons bu depuis que nous sommes en Italie.

La descente s'opère aussi gaiement et aussi agréablement que s'était opérée la montée. — Devant prendre le train à 5 heures, nous ne pouvons attendre le tramway qui nous mènerait trop tard à Turin et nous nous décidons à rentrer à pied en ville. Nous arrivons juste à temps pour boucler nos valises et dîner, et à 4 heures et demie nous étions à la gare, tout à fait enchantés de notre dernière journée. Le ciel n'a cessé d'être superbe, comme s'il eût voulu nous donner encore plus de regrets de quitter ce beau pays auquel nous disons, adieu, et auquel je dis tout bas, au revoir.

---

Le retour ne fut marqué d'aucun incident. Le vendredi 14 avril nous débarquions à la gare de Lyon, à l'heure exacte (6 *heures* 55). Je rentrais plein d'enthousiasme pour ce beau pays, et la tête pleine des admirables choses que nous avons vues pendant ces quinze jours. — Gênes, Naples, Rome (sous les réserves que j'ai faites), ont laissé dans mon esprit une impression profonde et qui ne s'effacera pas de longtemps.

En terminant, je tiens à dire à mes aimables compagnons de voyage, à mon bon abbé D...., d'abord, que j'ai été si heureux de rencontrer, à mon *inséparable* Philippe, à monsieur et madame L..... qui n'ont cessé de me témoigner la plus grande sympathie, à mademoiselle M..., que leur souvenir est lié dans ma pensée à celui de ce beau voyage, qu'ils ont contribué si largement à me rendre agréable. Parti *seul*, j'ai été, grâce à eux, en constante société d'amis, et je suis heureux de pouvoir leur exprimer ici ma gratitude, et les assurer que *je n'ai pas oublié* et que *je n'oublierai pas*.

FIN.

www.ingramcontent.com/pod-product-compliance
Lightning Source LLC
Chambersburg PA
CBHW070320100426
42743CB00011B/2490